KB045273

콩나물쌤의 문해력 꽉 잡는

한자어 수업

4
자연

그린애플

콩나물쌤의 문해력 꽉 잡는
한자어 수업 4(자연)

초판 1쇄 발행 2023년 4월 10일
초판 2쇄 발행 2024년 1월 24일

지은이 전병규
감수 김아미
펴낸이 이범상
펴낸곳 (주)비전비엔피 · 그린애플

기획 편집 차재호 김승희 김혜경 한윤지 박성아 신은정
디자인 김혜림 최원영 이민선
마케팅 이성호 이병준 문세희
전자책 김성화 김희정 안상희 김낙기
관리 이다정

주소 우) 04034 서울특별시 마포구 잔다리로7길 12 (서교동)
전화 02) 338-2411 | **팩스** 02) 338-2413
홈페이지 www.visionbp.co.kr
인스타그램 https://www.instagram.com/greenapple_vision
포스트 post.naver.com/visioncorea
이메일 gapple@visionbp.co.kr

등록번호 제2021-000029호

ISBN 979-11-92527-16-1 64700
　　　 979-11-92527-12-3 (세트)

· 값은 뒤표지에 있습니다.
· 잘못된 책은 구입하신 서점에서 바꿔드립니다.

콩나물쌤을 예쁘게 색칠해 보세요!

저는 여러분의
문해력과 사고력이 콩나물처럼
쑥쑥 자라도록 도와주는 콩나물쌤이에요!

추천사

우리말에는 한자어가 많고, 교과서 속 어려운 개념어도 대부분 한자어입니다. 그렇기 때문에 문해력을 높이기 위해서는 한자를 아는 것이 매우 중요합니다. 한자 지식이 있으면 낱말의 뜻을 정확히 이해할 수 있고 학업에도 큰 도움이 됩니다. 그런데 한자 공부는 아이들에게 어렵고 외워야 하는 게 많아 부담스럽습니다. 이 책은 암기의 부담 없이 한자어를 익히면서 추론력, 어휘력, 탐구력까지 덤으로 키우는 구체적인 방법을 담고 있습니다. 문장 표현을 통해 자연스럽게 한자의 뜻을 짐작하고, 실제로 사용하면서 쉽고 재미있게 한자를 익히도록 구성되어 있습니다. 이 책을 통해 꾸준히 한자어를 익히면 모르는 단어를 만나더라도 그 의미를 유추하는 힘을 키울 수 있을 것입니다. 한자 교육의 필요성을 알지만 어떻게 이끌어 줘야 할지 막막한 부모라면 아이에게 이 책을 주세요. 문해력 전문가 전병규 선생님이 알려 주는 노하우를 따라가다 보면 확실히 문해력을 키울 수 있을 것입니다.

오뚝이샘 윤지영(초등학교 교사, 《엄마의 말 연습》 저자)

저는 어린 시절 다져 놓은 어휘력의 덕을 많이 본 학생이었습니다. 어릴 때 아버지께서 신문 읽기와 한자 공부를 강조하셨던 덕분인데요. 한자를 모두 외워 쓰지는 못했지만, 단어를 보고 이게 어떤 한자어로 조합된 단어인지, 단어의 정확한 의미가 무엇인지 쉽게 파악하고 추론할 수 있었습니다. 이는 국어, 사회 등을 비롯해 모든 과목의 학습에 커다란 무기가 되었습니다. 아직도 한자 공부는 한자 자체를 외워 쓰는 것이라 생각하는 사람이 많은데 이제는 인터넷과 사전이 발달되어 있기에 굳이 아이들이 한자를 모두 외워서 쓸 필요가 없습니다. 그보다는 한자어를 보고 그 의미를 파악하는 역량이 중요합니다. 그 역량은 아이들이 책을 읽을 때도, 학습할 때도 아주 큰 힘이 되어 줄 것입니다. 그런 점에서 이 책은 아이들이 한자어 학습을 쉽게, 동시에 '본질적인' 목적에 맞게 해나갈 수 있도록 도와주고 있습니다. 더불어 그 누구보다 아이들의 문해력과 어휘력 향상에 진심인 콩나물쌤과 함께 우리 학생들이 학습의 본질에 한 걸음 더 다가설 수 있길 바랍니다.

조승우(스몰빅클래스 대표)

영어를 가르치는 사람이지만 대학 때 국어교육도 같이 전공했습니다. 당시 한국 사람이기 때문에 국어가 더 쉬울 거라는 생각이 있었는데, 그것이 얼마나 편협한 생각인지 깨닫는 데는 한 달도 걸리지 않았습니다. 우리말 속의 한자어를 잘 몰랐기에, 열심히 글을 읽고도 내용이 이해가 되지 않아 많은 시간을 고생했기 때문입니다. 만약 내가 초등학교, 중학교 때 한자어로 된 어휘를 틈틈이 익혀 왔다면 그 힘든 시간을 좀 더 효율적으로 보내지 않았을까 하고 생각한 적도 있었습니다. 한국에서 살아가는 우리에게 한자어는 비단 공부와 관련된 것만은 아닙니다. 생활 속 어휘의 60% 이상은 한자어로 이루어져 있기에 결국 한자 문해력을 키우는 것은 생활의 질을 향상시키는 것이 됩니다. 똑같은 1시간을 공부하고 일해도 남들보다 3~4배 효율을 얻을 수 있다면 어떨까요? 이 책을 통해 매일매일 한자어의 의미를 추론해 보고, 글쓰기나 말할 때 한자어를 활용해 보면서, 자신의 삶을 더욱 풍성하게 만들어 보길 바랍니다.

혼공쌤 허준석(유튜브 혼공TV 운영자)

문해력을 키우는 힘

현대는 정보화 사회입니다. 세상에 존재하는 모든 것이 정보가 되며 세상 모든 곳에 정보가 있지요. 우리는 아침에 눈을 뜨는 순간부터 밤에 잠이 들 때까지 숱한 정보를 접하게 됩니다. 활용할 수 있는 정보가 이토록 넘치지만 모두가 정보를 잘 활용하는 것은 아닙니다. 정보를 읽고 이해해 나에게 필요하고 유용한가를 가려내려면 문해력이 있어야 합니다. 문해력이 부족하면 정보화 사회에 살면서도 정보를 제대로 사용할 수 없습니다. 결국 현대 사회에서 성공적으로 살아가기 힘들어요. 문해력은 21세기를 살아가는 우리 아이들이 반드시 갖추어야 할 능력입니다.

문해력은 성인이 되었을 때나 필요한 능력이 아닙니다. 문해력은 글을 읽고 이해하는 능력인 만큼 학생들에게 중요하고, 문해력에 따라 성적도 달라질 수 있습니다. 문해력은 이해력입니다. 문해력이 높은 아이들은 무엇이든지 잘 배우는 반면 낮은 아이들은 새로운 것을 잘 배우지 못합니다. 똑같은 내용을 똑같은 시간에 똑같은 선생님에게 똑같은 방법으로 배워도 아이마다 배움의 차이가 나는 이유이지요. 문해력은 공부의 도구 같은 겁니다. 날이 무뎌진 도끼로 나무를 벨 수 없듯 무딘 문해력으로는 공부를 잘 해낼 수 없습니다. 그러니 아이의 공부가 신경 쓰인다면 문해력부터 높여야 합니다.

문해력에 가장 큰 영향을 미치는 것은 어휘력입니다. 글은 어휘와 어휘가 연결되어 이루어지기 때문이에요. 모르는 어휘의 개수가 늘어나면 늘어날수록 글을 이해하기가 어렵습니다. 반대로 어휘를 많이 안다면 매우 유리하지요. 다행히 어휘의 중요성은 알지만 안타깝게도

올바른 어휘 학습법은 잘 모르는 경우가 많습니다. 대부분의 어른들이 잘못된 어휘 학습법을 아이에게 가르치고 있어요. 심지어 교육 전문가라고 이름난 분들 중에서도 잘못된 어휘 학습법을 소개하는 경우가 있어요. 그만큼 어휘를 학습하는 올바른 방법에 대한 이해가 부족한 것이 현실입니다.

흔히 쓰는 잘못된 어휘 학습법은 바로 어휘를 사전에 나온 정의대로 외우는 겁니다. 예를 들어 '협약'이라는 단어를 '협상에 의하여 조약을 맺음'이라고 사전에 나온 정의 그대로 외우는 식입니다. 이처럼 정의를 암기하면 어휘에 대한 이해가 전혀 생기지 않습니다. 어휘를 암기해서는 문해력이 늘지 않는 거예요. 어휘의 의미를 제대로 이해한 후 사용해야 진짜 어휘력과 문해력이 늘어납니다. 어휘의 의미를 제대로 이해하려면 먼저 한자를 알아야 해요. 우리말 어휘 중 무려 60%가 한자어이기 때문입니다. 이는 한자를 알면 전체 단어의 3분의 2가량을 쉽게 이해할 수 있다는 뜻입니다. 문해력에서 중요한 어휘의 3분의 2를 한자를 통해 학습할 수 있으니 한자어 학습은 문해력을 높이는 핵심이라고 해도 과언이 아니에요.

이 책은 문해력 전문가인 제가 저희 집 아이들을 가르치기 위해 정리한 내용으로 만들었습니다. 기존의 한자어 교재를 사용하려니 아쉬운 점이 있었기 때문입니다. 시중에 나와 있는 한자 교재는 크게 두 유형으로 나뉩니다. 한자에 초점이 맞춰진 경우와 어휘에 초점이 맞춰진 경우예요. 첫 번째 유형의 경우, 한자 자격증 취득에는 도움이 되겠지만 문해력 발달을 기대하기에는 무리가 있었습니다. 두 번째 유형의 경우 어휘 학습에 초점을 맞추고는 있지만 어휘의 실제적 학습과 사용을 위해 꼭 필요한 요소들이 빠져 있었습니다. 어휘력 발달에 나름 효과가 있겠지만 최고의 효과를 내기에는 아쉬워 보였어요.

그래서 이 책을 쓰게 되었습니다. 이 책은 기존 한자어 교재의 두 가지 문제점을 보완했습니다. 우선 한자 자체보다 어휘력에 초점을 맞추었습니다. 한자를 익히는 것이 아닌 문해력을 키우는 것이 목적이니까요. 또 어휘를 깊고 제대로 이해할 수 있도록 최신 어휘 교육 이론을 따랐습니다. 여기에 초등학교에서 20년간 아이들을 가르치며 이론을 실제로 적용해 본 경험을 고스란히 녹였습니다. 이 책이 어떤 점에서 특별한지, 실제로 어떻게 사용해야 하는지는 바로 다음 내용에 자세히 담았습니다. 교육적 효과를 극대화하기 위해서는 어휘 학습의 원리와 이 책의 활용법을 이해하는 것이 정말 중요합니다. 그러니 다음 내용도 꼭 정독해 주세요.

이 책의 시리즈를 꾸준히 학습하면 다음과 같은 효과를 볼 수 있어요.

✔ 다양한 어휘를 알게 됩니다.
✔ 단어의 뜻을 깊이 이해하게 됩니다.
✔ 모르는 단어의 뜻을 스스로 유추하게 됩니다.
✔ 실제 문장에서 단어를 사용할 수 있게 됩니다.

이 책의 시리즈를 공부하고 나면 어휘를 학습하는 힘이 길러집니다. 이는 단순히 어휘를 몇 개 배우는 것보다 훨씬 중요한 일입니다. 앞으로 수업, 책, TV, 유튜브에서 새로운 단어를 만날 때마다 쉽게 익힐 수 있게 되니까요. 어휘를 습득할 수 있는 힘을 갖추고 나면 수업도 독서도 훨씬 쉬워지고 재미있어질 겁니다. 들으면 이해가 되니까 성적도 자연스럽게 오를 거고요. 《콩나물쌤의 문해력 꽉 잡는 한자어 수업》 시리즈를 통해 여러분 자녀의 문해력을 쑥쑥 키워 주시기 바랍니다.

★ 〈콩나물쌤의 문해력 꽉 잡는 한자어 수업〉은 책마다 주제가 달라요.

4권의 주제는 '자연'입니다. 4권에서는 자연과 관련된 한자가 나옵니다. 춘, 하, 추, 동, 천, 지, 강, 산 등이 있지요. 그리고 이 한자에서 파생되어 나온 한자어를 배우게 됩니다. 4권을 공부하고 나면 자연과 관련된 많은 한자와 한자어를 익힐 수 있을 겁니다.

어휘력을 키우는
어휘 학습 원리와 이 책의 활용법

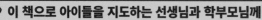

콩나물쌤의 강의를 먼저 듣고 공부를 시작하면 이해가 쏙쏙!

QR 코드를 스캔하면 강의 영상을 볼 수 있어요.

어휘력을 높이기 위해서는 먼저 어떻게 어휘를 학습하느냐가 중요합니다. 잘못된 방법으로 학습하면 힘만 들 뿐 실력은 크게 늘지 않습니다. 지금부터 효과를 극대화할 수 있는 올바른 한자어 학습 방법을 알려드릴게요. 그리고 이것이 이 책의 구성과 어떻게 연결되어 있는지도 소개하겠습니다. 이 부분을 잘 읽고 학습할 때 적용해 보세요.

🖊 어휘 학습 원리 1단계: 어휘를 짐작해 보세요!

새로운 어휘를 처음 만나면 우선 그 뜻을 짐작해 보는 것이 중요해요. 성인은 평균 약 2~3만 개의 어휘를 아는데 이 중 학습을 통해서 알게 되는 어휘는 20% 내외라고 합니다. 대부분의 어휘가 생활 속에서 우연히 알게 돼요. 대화를 하다가 방송을 보다가 책을 읽다가 알게 되지요. 그런데 이럴 때마다 사전을 찾을 수는 없겠지요. 귀찮기도 하고 대화의 흐름이 끊기기 때문이에요. 그래서 모르는 단어를 만나면 먼저 추측을 해야 해요. 무슨 뜻인지 짐작해 보는 겁니다. 그렇게 해야 흐름을 깨지 않고 계속해서 새로운 단어를 배울 수 있습니다. 이 원리에 따라서 다음처럼 첫 번째 페이지를 학습하세요.

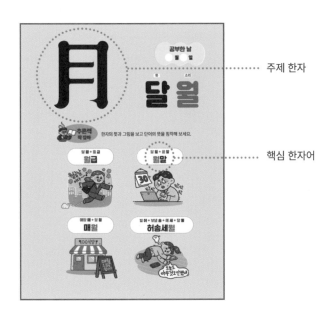

주제 한자

핵심 한자어

첫 페이지에는 우선 주제 한자가 제시됩니다. 오늘은 달 월(月)을 배울 차례군요. 달 월을 세 번 정도 소리 내어 읽어 보세요. 한자는 써 보아도 좋지만 쓰지 않아도 무방합니다. 한자를 배우려는 게 아니니까요. 그 아래 달 월을 사용한 한자어 4개가 나옵니다. 이곳을 학습할 때가 정말 중요합니다. 많은 아이들이 대충 읽고 빨리 넘어가려 할 텐데 그래서는 곤란합니다. 여기서는 한자어를 이루는 한자의 뜻에 주목해야 합니다. '월말'을 볼까요? 월말은 '달 월 + 끝 말'로 이루어져 있어요. 이것을 보고 월말이 무슨 뜻일지 짐작해 봅니다. '한 달의 끝' 정도로 짐작할 수 있겠지요.

짐작이 맞고 틀리는 건 크게 중요하지 않아요. 짐작하면서 뜻을 생각해 보는 경험이 중요해요. 이 책 한 권에는 30개의 주제 한자와 120개의 핵심 한자어가 나와요. 이 120개의 핵심 한자어의 뜻을 짐작하다 보면 아이는 많은 것을 얻게 됩니다. 우선 한자어를 더 잘 이해하게 되지요 '월말'의 정의를 그냥 읽었을 때보다 뜻을 짐작해 본 후 읽으면 더 깊게 이해하게 됩니다. 뜻을 짐작하다 보면 달 월뿐 아니라 끝 말도 익히게 되지요. 마지막으로 단어의 뜻을 유추하는 힘이 커져요. 사실 이것이 가장 중요합니다. 이 책에서 120개, 이 책의 시리즈를 통해 수백 개의 한자어 뜻을 꾸준히 짐작해 보세요. 한자어가 구성되는 원리와 뜻을 짐작하는 방법을 익히게 됩니다. 그러면 앞으로 만나게 될 수천, 수만 개의 새로운 어휘를 학습하는 데 큰 힘이 될 거예요.

어휘 학습 원리 2단계: 예문을 통해 어휘를 이해해 보세요!

어휘에는 숨겨진 면이 많아서 정의만 봐서는 제대로 이해할 수 없습니다. 홀로 있는 단어의 정의만 따로 외워서는 배워도 배운 게 아닙니다. 문장과 떨어져 혼자 있는 단어는 생명력이 없어요. 단어는 반드시 문장 속에서 익혀야 해요. 다시 말해 어휘가 사용된 표현을 자세히 살펴봐야 한다는 뜻입니다. 문장 속에 자연스럽게 녹아든 어휘를 보면서 실제로 어떤 뜻으로 쓰였는지 생각해 보세요.

두 번째 페이지에서는 앞에서 짐작해 본 4개의 단어에 대해 조금 더 자세히 살펴봅니다. 우선 뜻이 나와 있습니다. 스스로 짐작한 뜻과 책에서 제시한 뜻을 비교해 보세요. 달 월, 끝 말이라는 두 한자가 만나 월말이라는 한자어가 되었을 때 어떤 뜻이 되는지 생각해 봅니다. 단지 뜻을 확인하는 게 중요한 것이 아니라 어떻게 이런 뜻이 되는지 이해하려고 생각해 보는 게 중요합니다. 바로 아래에는 단어가 사용된 표현이 2개씩 나옵니다. 이 예문을 소리 내어 읽어 보세요. 단어가 실제로 어떻게 사용되는지 느껴 봅니다.

 어휘 학습 원리 3단계: **어휘를 사용해 보세요!**

어휘를 짐작하고 문장 속에서 이해했다면 다음으로 직접 사용해 보아야 합니다. 단어가 사용된 문장을 보는 것을 넘어 내가 직접 말하거나 쓰면서 사용하는 겁니다. 직접 단어를 사용해 보면 단어가 더 잘 기억납니다. 똑같은 말이라도 다른 사람이 한 말보다 내가 한 말을 더 잘기억하기 때문입니다. 또 단어 사용이 좀 더 정확해집니다. 외국인이나 아이들은 단어를 좀이상하게 사용하는 경우가 많아요. 단어는 알지만 실제로 어떻게 사용해야 하는지 잘 모르기때문입니다. 이런 문제를 개선하려면 단어를 많이 사용하면서 틀리고 수정하는 과정을 거쳐야 합니다. 일단 사용하고 틀린 후 고쳐 나가야 하니 틀리는 것에 민감하면 안 됩니다.

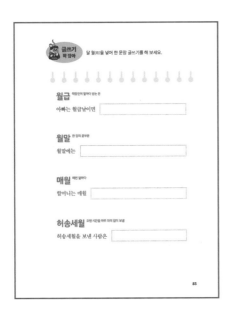

세 번째 페이지에서는 글쓰기를 합니다. 앞에서 배운 4개의 단어를 이용해 나만의 글쓰기를해 보세요. 아이들의 수준을 고려해 문장의 일부를 제시하고 이어 쓰도록 하였습니다. 우선은 빈칸을 채워 봅니다. 혹시 가능하다면 완전히 새로운 문장을 써 보세요. 제시한 글쓰기 아래에 한 줄 정도 공간이 있으니 여기에 써 보면 됩니다. 다시 강조하지만 틀리는 건 좋은 일입니다. 실수하고 틀리면서 배우니까요. 아이가 틀렸을 때 틀렸다고 혼내지 말고 '잘못된 방식을 하나 발견했구나' 하고 생각하세요. 부드러운 분위기에서 웃으면서 올바른 방식을 알려 주세요.

 어휘 학습 원리 4단계: 어휘에 관심을 가져 보세요!

어휘력이 풍부한 사람은 예외 없이 단어에 관심이 많아요. 생소한 단어를 만나면 찾아보고 그 활용에 대해 생각해 보지요. 풍부한 어휘력을 갖추려면 평소 어휘에 관심을 갖는 것이 중요합니다. 말놀이처럼 재미있는 방식으로 아이가 어휘에 관심을 가지도록 해 보세요. 또 유사한 어휘를 구분해 보는 것도 좋아요.

네 번째 페이지의 시작은 '창의력 꽉 잡아'입니다. 여기서는 핵심 한자어를 2개 이상 사용하여 한 문장으로 글을 씁니다. 달 월에서 배운 주제 단어는 월급, 월말, 매월, 허송세월입니다. 이 중 2개를 한 문장 안에서 사용하는 거예요. '창의력 꽉 잡아'는 말놀이와 글쓰기를 결합한 활동이에요. 어휘를 재미있게 사용하면서 어휘력과 어휘에 대한 관심을 동시에 높여 줍니다. 두 단어를 한 문장 안에서 연결해 사용하라는 제한이 아이의 창의력을 높여 주지요.

'탐구력 꽉 잡아'에서는 배우지 않은 새로운 단어를 탐색해 봅니다. 이번 주제 한자는 月(달월)이잖아요? 그래서 달 월이 들어간 단어 2개, 달 월이 아닌 다른 뜻의 '월'이 들어간 단어 2개, 그리고 빈칸 4개를 제시했어요. 우선 제시된 4개의 단어에서 달 월이 사용된 단어와 그렇지 않은 단어를 구분해 보세요. 이를 통해 '월'이라고 해서 모두 '달 월'의 뜻으로 쓰인 게 아니라 또 다른 뜻의 월이 있다는 걸 알게 됩니다. 이후에는 월이 들어간 4개의 새로운 단어를 찾아보세요. 사전을 찾아볼 수도 있고 가족과 함께 찾아보아도 좋아요. 책을 읽거나 길을 걷다가 간판에서 찾게 될 수도 있지요. 모두 제시하지 않고 빈칸으로 남겨둔 것은 단어에 관심을 갖도록 하기 위해서입니다. 일상생활에서 이렇게 단어를 찾다 보면 '단어 의식word consciousness'이 높아져요. 단어 의식이 높아지면 어휘를 학습하지 않는 일상의 모든 순간에도 어휘력이 계속해서 성장할 수 있습니다.

차례

1주차

自 스스로 자

뜻 소리

추론력 꽉 잡아

한자의 뜻과 그림을 보고 단어의 뜻을 짐작해 보세요.

스스로 자 + 설 립
자립

스스로 자 + 절제할 제
자제

올지~

참자...

꼬르륵

스스로 자 + 익힐 습
자습

스스로 자 + 그림 화 + 스스로 자 + 기릴 찬
자화자찬

스스로 잘하네~

난 멋져

난 최고

난 대단해

어휘력 꽉 잡아

스스로 자(自)가 숨어 있는 단어를 알아봅시다.

자립
스스로 자 + 설 립

뜻

남에게 도움받지 않고 스스로 섬

표현1   사람은 자립하기 위해 노력해야 한다.

표현2   이모는 일찍 할머니의 도움 없이 자립했다.

자제
스스로 자 + 절제할 제

뜻

욕망, 욕심을 스스로 참음

표현1   자신의 행동을 자제할 줄 알아야 한다.

표현2   식탐을 자제하지 못하면 배탈이 나기 쉽다.

절제는 지나치지 않게 적당히 조절하는 것을 뜻합니다.

자습
스스로 자 + 익힐 습

뜻

도움 없이 스스로 공부하여 익힘

표현1   우등생이 되려면 자습을 열심히 해야 한다.

표현2   형은 아침저녁으로 자습했다.

자화자찬
스스로 자 + 그림 화 + 스스로 자 + 기릴 찬

뜻

자기 그림을 자기 스스로 칭찬하다.
자기가 한 일을 스스로 자랑하다.

표현1   그 친구는 자화자찬이 너무 심하다.

표현2   자화자찬을 많이 하면 친구들이 싫어한다.

자립 남에게 도움받지 않고 스스로 섬

사람은 자립하기 위해 ....

자제 욕망, 욕심을 스스로 참음

나는 .... 을 자제하려고 한다.

자습 도움 없이 스스로 공부하여 익힘

나는 ....

자화자찬 자기가 한 일을 스스로 자랑하다.

친구가 ....

21

스스로 자(自)가 들어간 단어를 2개 이상 사용하여 문장을 써 보세요.

예시

자립하기 위해서는 돈 쓰기를 **자제**해야 한다.

1. 단어에 '자'가 들어간 경우를 책 혹은 주변에서 찾아 빈칸에 써 보세요.
2. 스스로 자(自)가 사용된 단어에는 ○, 아니면 X를 표시해 보세요.

각자
(각자의 자기)

자세
(동작을 취할 때 몸의 형태)

자필
(자기가 직접 쓴 글씨)

자태
(모양이나 태도)

 모양과 관련된 단어를 골라내 보세요.

然 그럴 연
_뜻 _{소리}

추론력 꽉 잡아

한자의 뜻과 그림을 보고 단어의 뜻을 짐작해 보세요.

스스로 자 + 그럴 연
자연

마땅 당 + 그럴 연
당연

뜻밖에 우 + 그럴 연
우연

아득할 망 + 그럴 연 + 스스로 자 + 잃을 실
망연자실

그럴 연(然)이 숨어 있는 단어를 알아봅시다.

자연
스스로 자 + 그럴 연

뜻

스스로 그렇게 이루어진
우주의 모든 존재나 상태

표현1 내 고향은 자연이 참 아름답다.

표현2 자연 속에서는 마음이 맑아진다.

당연
마땅 당 + 그럴 연

뜻

마땅히 그러함

표현1 학생은 당연히 공부를 해야 한다.

표현2 끼니를 거르면 배가 고픈 건 당연
하다.

 끼니는 아침, 점심, 저녁과 같이 일정한
시간에 먹는 밥을 말해요.

우연
뜻밖에 우 + 그럴 연

뜻

뜻하지 않게 그렇게 됨

표현1 편의점에서 우연히 엄마를 만났다.

표현2 그녀를 만난 건 정말 우연이었다.

망연자실
아득할 망 + 그럴 연 + 스스로 자 + 잃을 실

뜻

아득하니 자신의 정신을 잃고 멍함

표현1 사업 실패로 그는 망연자실하였다.

표현2 아들을 잃은 할머니는 망연자실 앉
아 계셨다.

그럴 연(然)을 넣어 한 문장 글쓰기를 해 보세요.

자연 스스로 그렇게 이루어진 우주의 모든 존재나 상태

우리 가족은

당연 마땅히 그러함

죄를 지으면

우연 뜻하지 않게 그렇게 됨

우연히

망연자실 아득하니 자신의 정신을 잃고 멍함

그는

창의력 꽉 잡아 그럴 연(然)이 들어간 단어를 2개 이상 사용하여 문장을 써 보세요.

예시

우연히 사고를 목격한 그는 망연자실하였다.

탐구력 꽉 잡아

1. 단어에 '연'이 들어간 경우를 책 혹은 주변에서 찾아 빈칸에 써 보세요.
2. 그럴 연(然)이 사용된 단어에는 ○, 아니면 X를 표시해 보세요.

돌연
(갑작스럽게 그러함)

본연
(본래 그러한 상태)

연설
(자기 주장을 펼침)

연주
(악기 연주를 펼쳐서 들려줌)

 '펼침'과 관련된 단어를 골라내 보세요.

뜻　소리
봄 춘

 추론력 꽉 잡아

한자의 뜻과 그림을 보고 단어의 뜻을 짐작해 보세요.

*설 립 + 봄 춘
입춘

돌아올 회 + 봄 춘
회춘

작년보다 더 잘하시네요!

봄 춘 + 곤할 곤 + 증세 증
춘곤증

한 일 + 마당 장 + 봄 춘 + 꿈 몽
일장춘몽

꿈

★ 설 립(立)은 단어의 맨 앞에 올때 '입'으로 발음돼요.

어휘력 꽉 잡아

봄 춘(春)이 숨어 있는 단어를 알아봅시다.

입춘
설 립 + 봄 춘

뜻

봄이 들어서는 날
봄이 시작되는 절기로 2월 4일경

표현1 입춘부터는 날씨가 점차 풀린다.

표현2 '입춘대길'은 봄을 맞아 큰 행운이
있길 바라는 말이다.

회춘
돌아올 회 + 봄 춘

뜻

봄이 돌아옴
늙은이가 건강을 회복하고 젊어짐

표현1 할머니는 좋은 약을 드시고 회춘하
셨다.

표현2 운동을 꾸준히 하고 할아버지는 회
춘하셨다.

춘곤증
봄 춘 + 곤할 곤 + 증세 증

뜻

봄철에 많이 느끼는 노곤한 증세

표현1 봄만 되면 춘곤증으로 졸린다.

표현2 춘곤증 때문에 다들 꾸벅꾸벅 졸고
있다.

일장춘몽
한 일 + 마당 장 + 봄 춘 + 꿈 몽

뜻

한바탕 봄꿈처럼 덧없고 소용없는 일

표현1 성공하겠다는 그의 소망은 일장춘몽
에 불과했다.

표현2 늙어서 보니 인생이 모두 일장춘몽
이오.

노곤함은 나른하고 피곤한 느낌입니다.

봄꿈은 봄날에 나른해져 잠깐 꾸는 꿈이
에요.

입춘 봄이 시작되는 절기로 2월 4일경

입춘이 지나면

회춘 늙은이가 건강을 회복하고 젊어짐

할아버지는 회춘하시려고

춘곤증 봄철에 많이 느끼는 노곤한 증세

춘곤증을 깨우려

일장춘몽 한바탕 봄꿈처럼 덧없고 소용없는 일

은 나에게 일장춘몽과 같다.

창의력 꽉 잡아

봄 춘(春)이 들어간 단어를 2개 이상 사용하여 문장을 써 보세요.

예시

입춘이 지나고 봄이 되자 춘곤증이 밀려왔다.

탐구력 꽉 잡아

1. 단어에 '춘'이 들어간 경우를 책 혹은 주변에서 찾아 빈칸에 써 보세요.
2. 봄 춘(春)이 사용된 단어에는 ○, 아니면 X를 표시해 보세요.

청춘
(봄처럼 젊은 나이)

춘수
(오래도록 삶)

춘풍
(봄에 부는 바람)

춘부장
(상대의 아버지)

봄과 관련 없는 단어를 골라내 보세요.

30

夏 여름 하

뜻 소리

추론력 꽉 잡아

한자의 뜻과 그림을 보고 단어의 뜻을 짐작해 보세요.

여름 하 + 계절 계
하계

여름 하 + 옷 복
하복

여름 하 + 철 절 + 기간 기
하절기

겨울 동 + 벌레 충 + 여름 하 + 풀 초
동충하초

 **어휘력 꽉 잡아** 여름 하(夏)가 숨어 있는 단어를 알아봅시다.

하계
여름 하 + 계절 계

뜻
여름철

표현1 올여름에는 하계 과학캠프가 있다.

표현2 이 옷은 시원해서 하계용이다.

하복
여름 하 + 옷 복

뜻
여름옷

표현1 날씨가 따듯해 하복을 준비했다.

표현2 10월이면 하복을 입기에는 춥다.

하절기
여름 하 + 철 절 + 기간 기

뜻
여름철 기간

표현1 하절기에는 벌레가 많다.

표현2 하절기 물놀이를 할 때 안전에 유의 해야 한다.

동충하초
겨울 동 + 벌레 충 + 여름 하 + 풀 초

뜻
겨울에는 벌레,
여름에는 풀이 되는 버섯

표현1 동충하초는 버섯의 일종이다.

표현2 동충하초는 가격이 매우 비싸다고 한다.

 동충하초는 버섯인데 겨울 동안 죽은 벌레의 몸에서 자라 벌레처럼 보인다고 합니다.

글쓰기 꽉 잡아 여름 하(夏)를 넣어 한 문장 글쓰기를 해 보세요.

하계 ^{여름철}

이번 하계에는

하복 ^{여름옷}

하복은

하절기 ^{여름철 기간}

하절기에 사람들은

동충하초 ^{겨울에는 벌레, 여름에는 풀이 되는 버섯}

동충하초는

창의력 꽉 잡아

여름 하(夏)가 들어간 단어를 2개 이상 사용하여 문장을 써 보세요.

예시

이번 하절기에 입을 하복을 구입해야겠다.

탐구력 꽉 잡아

1. 단어에 '하'가 들어간 경우를 책 혹은 주변에서 찾아 빈칸에 써 보세요.
2. 여름 하(夏)가 사용된 단어에는 ○, 아니면 X를 표시해 보세요.

춘하추동
(봄·여름·가을·겨울)

빙하
(높은 산에서 내려오는 얼음덩어리)

하마
(물에 사는 말처럼 생긴 동물)

하지
(1년 중 해가 가장 긴 여름날)

물과 관련된 단어를 골라내 보세요.

秋

^뜻 ^{소리}
가을 추

추론력 꽉 잡아

한자의 뜻과 그림을 보고 단어의 뜻을 짐작해 보세요.

*설 립 + 가을 추
입추

입추가 지났는데도 덥네...

가을 추 + 거둘 수
추수

늦을 만 + 가을 추
만추

가을 추 + 바람 풍 + 떨어질 낙 + 잎 엽
추풍낙엽

후~

★ 설 립(立)은 단어의 맨 앞에 올때 '입'으로 발음돼요.

 가을 추(秋)가 숨어 있는 단어를 알아봅시다.

입추
설 립 + 가을 추

 뜻
가을이 들어서는 날
가을이 시작되는 절기로 8월 8일경

표현1 입추라고 하지만 아직 한창 여름이다.

표현2 입추가 지났지만 가을은 아직 먼 느낌이다.

추수
가을 추 + 거둘 수

 뜻
가을에 곡식을 거둬들이는 일

표현1 할아버지는 추수하러 나가셨다.

표현2 추수철이라 모두들 바쁘다.

 입추쯤이 1년 중 가장 더운 시기라 몸으로 가을을 느끼기는 힘듭니다.

만추
늦을 만 + 가을 추

 뜻
늦가을

표현1 만추라 날씨가 꽤 쌀쌀하다.

표현2 만추의 하늘은 너무나 맑았다.

추풍낙엽
가을 추 + 바람 풍 + 떨어질 낙 + 잎 엽

 뜻
가을 바람에 떨어지는 낙엽
세력이 갑자기 줄어듦

표현1 추풍에 낙엽들이 우수수 떨어지고 있다.

표현2 적군들이 추풍낙엽처럼 쓰러졌다.

 **글쓰기 꽉 잡아** 가을 추㈜를 넣어 한 문장 글쓰기를 해 보세요.

입추 가을이 시작되는 절기로 8월 8일경

입추에는

추수 가을에 곡식을 거둬들이는 일

추수가 끝나면

만추 늦가을

만추라 그런지

추풍낙엽 세력이 갑자기 줄어듦

히어로가 나타나

창의력 꽉 잡아

가을 추(秋)가 들어간 단어를 2개 이상 사용하여 문장을 써 보세요.

예시

입추가 지났지만 추수하려면 아직 멀었다.

탐구력 꽉 잡아

1. 단어에 '추'가 들어간 경우를 책 혹은 주변에서 찾아 빈칸에 써 보세요.
2. 가을 추(秋)가 사용된 단어에는 ○, 아니면 X를 표시해 보세요.

추석
(우리 명절)

추리
(이치를 근거로 미루어 집작함)

추대
(높은 자리로 밀어 떠받듦)

춘추
(봄과 가을, 나이)

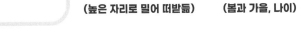

미는 것과 관련된 단어를 골라내 보세요.

1주 차 복습

콩나물쌤의 강의를 먼저 듣고 공부를 시작하면 이해가 쏙쏙!

QR 코드를 스캔하면 강의 영상을 볼 수 있어요.

1. 왼쪽 어휘를 보고 그 뜻으로 알맞은 것을 골라 선으로 연결하세요.

자립 • • 남에게 도움받지 않고 스스로 섬

당연 • • 겨울에는 벌레, 여름에는 풀이 되는 버섯

춘곤증 • • 가을이 시작되는 절기로 8월 8일경

동충하초 • • 봄철에 많이 느끼는 노곤한 증세

입추 • • 마땅히 그러함

2. 다음 뜻을 가진 어휘를 쓰세요.

가을에 곡식을 거둬들이는 일	욕망, 욕심을 스스로 참음	뜻하지 않게 그렇게 됨	한바탕 봄꿈처럼 덧없고 소용없는 일	여름철
⬇	⬇	⬇	⬇	⬇

3. 보기에서 알맞은 한자어를 골라 각 뜻을 나타내는 어휘를 만들어 보세요.

보기 **봄 춘, 스스로 자, 가을 추, 여름 하, 그럴 연**

1) 여름옷 ➡ [   ] + 옷 **복**

2) 늦가을 ➡ 늦을 **만** + [   ]

3) 도움 없이 스스로 공부하여 익힘 ➡ [   ] + 익힐 **습**

4) 아득하니 자신의 정신을 잃고 멍함 ➡ 아득할 **망** + [   ] + 스스로 **자** + 잃을 **실**

5) 봄이 시작되는 절기로 2월 4일경 ➡ 설 **립** + [   ]

4. 다음 어휘를 이용해 한 문장 글쓰기를 해 보세요.

회춘

➡ _____

하절기

➡ _____

추풍낙엽

➡ _____

자화자찬

➡ _____

자연

➡ _____

冬

뜻 소리
겨울 동

추론력 꽉 잡아

한자의 뜻과 그림을 보고 단어의 뜻을 짐작해 보세요.

겨울 동 + 계절 계
동계

겨울 동 + 잠잘 면
동면

넘을 월 + 겨울 동
월동

엄할 엄 + 겨울 동 + 눈 설 + 찰 한
엄동설한

난 월동준비 끝났어!
와~

 **어휘력 꽉 잡아** 겨울 동(冬)이 숨어 있는 단어를 알아봅시다.

동계
겨울 동 + 계절 계

뜻
겨울철

표현1 이모는 동계 올림픽에 출전했다.

표현2 이 텐트는 동계용입니다.

동면
겨울 동 + 잠잘 면

뜻
동물들의 겨울잠

표현1 곰은 먹이를 먹고 동면에 들어갔다.

표현2 3월이 되면 개구리가 동면에서 깨어 난다.

 동면을 하는 동물에는 무엇이 있을까요?

월동
넘을 월 + 겨울 동

뜻
겨울을 살아서 넘김

표현1 월동 준비를 잘 해야 한다.

표현2 두루미는 초겨울이면 우리나라로 날 아와 월동을 한다.

엄동설한
엄할 엄 + 겨울 동 + 눈 설 + 찰 한

뜻
눈 내리는 깊은 겨울의 심한 추위
매우 추운 겨울

표현1 이런 엄동설한에 밖에 나가면 위험해.

표현2 엄동설한에 보일러가 고장 나서 큰 일이다.

겨울 동(冬)을 넣어 한 문장 글쓰기를 해 보세요.

동계 ^{겨울철}

동계에는 ....

동면 ^{동물들의 겨울잠}

동면을 하려면 ....

월동 ^{겨울을 살아서 넘김}

월동 준비를 못 하면 ....

엄동설한 ^{매우 추운 겨울}

엄동설한에는 ....

창의력
꽉 잡아

겨울 동(冬)이 들어간 단어를 2개 이상 사용하여 문장을 써 보세요.

예시

많은 동물이 엄동설한을 피해 동면에 들어갑니다.

탐구력
꽉 잡아

1. 단어에 '동'이 들어간 경우를 책 혹은 주변에서 찾아 빈칸에 써 보세요.
2. 겨울 동(冬)이 사용된 단어에는 ○, 아니면 X를 표시해 보세요.

동백
(겨울에 꽃이 피는 나무)

동장군
(장군처럼 무섭게 추운 겨울)

동부
(어느 지역의 동쪽 부분)

동풍
(동쪽에서 부는 바람)

동쪽과 관련된 단어를 골라내 보세요.

46

뜻 소리
때 시

추론력 꽉 잡아

한자의 뜻과 그림을 보고 단어의 뜻을 짐작해 보세요.

때 시 + 때 기
시기

같을 동 + 때 시
동시

보통 상 + 때 시
상시

때 시 + 때 시 + 시각 각 + 시각 각
시시각각

 **어휘력 꽉 잡아** 때 시(時)가 숨어 있는 단어를 알아봅시다.

시기
때 시 + 때 기

뜻

어떤 일이나 현상이 진행되는 때

표현1 학생 때는 공부할 시기이다.

표현2 적당한 시기를 놓치면 돌이키기 어렵다.

동시
같을 동 + 때 시

뜻

같은 때

표현1 그들은 동시에 소리를 질렀다.

표현2 동시에 잡아당기는 거야.

상시
보통 상 + 때 시

뜻

특별한 일이 없는 보통 때

표현1 방화문은 상시 닫아 두어야 한다.

표현2 이모는 상시 우산을 가지고 다닌다.

시시각각
때 시 + 때 시 + 시각 각 + 시각 각

뜻

각각의 시각

표현1 유행은 시시각각으로 변한다.

표현2 환자의 상태를 시시각각 확인해야 한다.

 '상시'의 비슷한 말에 '평소', '평상시'가 있습니다.

 글쓰기 꽉 잡아

때 시(時)를 넣어 한 문장 글쓰기를 해 보세요.

시기 어떤 일이나 현상이 진행되는 때

가을은 ....

동시 같은 때

그들은 ....

상시 특별한 일이 없는 보통 때

나는 ....

시시각각 각각의 시각

시시각각 변하는 ....

때 시(時)가 들어간 단어를 2개 이상 사용하여 문장을 써 보세요.

예시

적당한 시기가 되면 동시에 뛰어나가자.

1. 단어에 '시'가 들어간 경우를 책 혹은 주변에서 찾아 빈칸에 써 보세요.
2. 때 시(時)가 사용된 단어에는 ○, 아니면 X를 표시해 보세요.

적시
(알맞은 때)

시장
(물건을 사고파는 일정한 장소)

임시
(일시적인 때)

도시
(사람이 많이 사는 지역)

 사람이 많은 것과 관련된 단어를 골라내 보세요.

朝

뜻 소리
아침 조

추론력 꽉 잡아

한자의 뜻과 그림을 보고 단어의 뜻을 짐작해 보세요.

아침 조 + 모일 회
조회

아침 조 + 밥 반
조반

아침 조 + 책 펴낼 간
조간

아침 조 + 석 삼 + 저물 모 + 넉 사
조삼모사

 **어휘력 꽉 잡아** 아침 조(朝)가 숨어 있는 단어를 알아봅시다.

조회
아침 조 + 모일 회

 뜻

학교나 직장에서 아침에 모이는 일

표현1 조회 시간에 늦지 않게 모여 주세요.

표현2 내일 조회 시간에 의논합시다.

조반
아침 조 + 밥 반

 뜻

아침에 먹는 밥

표현1 입맛이 없어서 조반은 걸렀다.

표현2 여행을 가기 위해 새벽같이 조반을 먹었다.

조간
아침 조 + 책 펴낼 간

 뜻

아침에 발행되는 신문

표현1 스마트폰이 생긴 후 조간을 읽는 사람은 거의 없어졌다.

표현2 어제 있었던 사고가 오늘 조간에 실렸다.

조삼모사
아침 조 + 석 삼 + 저물 모 + 녁 사

 뜻

아침 3개, 저녁 4개
간사한 꾀로 남을 속임

표현1 작은 차이가 있을 뿐 어차피 결과가 같을 때 조삼모사라고 합니다.

표현2 그는 조삼모사로 다른 이를 속이려 했다.

 조삼모사는 아침에 3개, 저녁에 4개를 받으나 아침에 4개, 저녁에 3개를 받으나 똑같다는 뜻입니다.

 **글쓰기 꽉 잡아** 아침 조(朝)를 넣어 한 문장 글쓰기를 해 보세요.

조회 학교나 직장에서 아침에 모이는 일

선생님께서

조반 아침에 먹는 밥

오늘 조반은

조간 아침에 발행되는 신문

할아버지는

조삼모사 간사한 꾀로 남을 속임

조삼모사로 사람을 속이면

창의력 꽉 잡아 아침 조(朝)가 들어간 단어를 2개 이상 사용하여 문장을 써 보세요.

예시

조회 시간이지만 모두들 조간을 읽고 있었다.

_____

1. 단어에 '조'가 들어간 경우를 책 혹은 주변에서 찾아 빈칸에 써 보세요.
2. 아침 조(朝)가 사용된 단어에는 ○, 아니면 X를 표시해 보세요.

조조
(이른 아침)

조례
(아침마다 하는 의식)

조절
(균형이 맞게 바로잡음)

조정
(기준에 맞게 정돈함)

 적절히 맞추어 가는 것과 관련된 단어를 골라내 보세요.

午

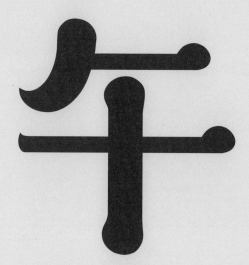

뜻 소리
낮 오

한자의 뜻과 그림을 보고 단어의 뜻을 짐작해 보세요.

바를 정 + 낮 오
정오

낮 오 + 앞 전
오전

낮 오 + 뒤 후
오후

낮 오 + 밥 찬 + 모일 회
오찬회

 낮 오(午)가 숨어 있는 단어를 알아봅시다.

정오
바를 정 + 낮 오

뜻

낮의 한가운데
낮 12시

표현1 우리 학교 점심시간은 정오에 시작
한다.

표현2 친구와 정오에 놀이터에서 만나기로
했다.

오전
낮 오 + 앞 전

뜻

정오보다 앞
낮 12시 이전

표현1 오전에는 집에서 쉬었어.

표현2 오전 중에 은행에 다녀오렴.

 하루는 오전, 정오, 오후로 이루어집니다.

오후
낮 오 + 뒤 후

뜻

정오보다 뒤
낮 12시 이후

표현1 오후에는 어디로 가볼까?

표현2 그럼 오후 4시에 편의점에서 만날
까?

오찬회
낮 오 + 밥 찬 + 모일 회

뜻

점심 식사를 겸한 모임

표현1 대통령은 국빈을 초대해 오찬회를
열었다.

표현2 회장님은 오찬회에 가셨습니다.

글쓰기 꽉 잡아 낮 오(午)를 넣어 한 문장 글쓰기를 해 보세요.

정오 낮 12시

정오가 되자 ....

오전 낮 12시 이전

오늘은 오전 내내 ....

오후 낮 12시 이후

엄마는 ....

오찬회 점심 식사를 겸한 모임

오찬회에는 ....

창의력
꽉 잡아

낮 오(午)가 들어간 단어를 2개 이상 사용하여 문장을 써 보세요.

예시

오전에는 불국사를, 오후에는 첨성대를 보러 가자.

탐구력
꽉 잡아

1. 단어에 '오'가 들어간 경우를 책 혹은 주변에서 찾아 빈칸에 써 보세요.
2. 낮 오(午)가 사용된 단어에는 ○, 아니면 X를 표시해 보세요.

오침
(낮잠)

오판
(잘못 판단함)

하오
(정오부터 밤 12시까지)

오류
(잘못되어 맞지 않음)

잘못하는 것과 관련된 단어를 골라내 보세요.

뜻 소리

저녁 석

추론력 꽉 잡아

한자의 뜻과 그림을 보고 단어의 뜻을 짐작해 보세요.

저녁 석 + 볕 양
석양

가을 추 + 저녁 석
추석

내일 만나~

아침 조 + 저녁 석
조석

아침 조 + 변할 변 + 저녁 석 + 고칠 개
조변석개

저녁 석(夕)이 숨어 있는 단어를 알아봅시다.

석양

저녁 석 + 볕 양

뜻

저녁때 저무는 해

표현1 하늘이 석양으로 붉게 물들었다.

표현2 석양을 바라보며 눈물을 흘렸다.

추석

가을 추 + 저녁 석

뜻

가을 달빛이 가장 좋은 밤
음력 팔월 보름날의 우리 명절

표현1 추석이 되자 온 가족이 모였다.

표현2 추석에는 맛있는 음식이 많다.

조석

아침 조 + 저녁 석

뜻

아침과 저녁,
썩 가까운 앞날

표현1 아버지는 조석으로 할아버지께 문안 인사를 드린다.

표현2 자네 마음이 어찌 이리 조석으로 바뀌는가?

조변석개

아침 조 + 변할 변 + 저녁 석 + 고칠 개

뜻

아침저녁으로 뜯어고친다.
제대로 된 계획 없이 자주 고침

표현1 나랏일은 조변석개해서는 안 되네.

표현2 자꾸 조변석개하면 믿을 수 없어.

저녁 석(夕)을 넣어 한 문장 글쓰기를 해 보세요.

석양 저녁때 저무는 해

할머니는 ....

추석 음력 팔월 보름날의 우리 명절

나는 추석에 ....

조석 아침과 저녁, 썩 가까운 앞날

조석으로 하루 두 끼만 먹으니 ....

조변석개 제대로 된 계획 없이 자주 고침

조변석개하지 않도록 ....

저녁 석(夕)이 들어간 단어를 2개 이상 사용하여 문장을 써 보세요.

예시

추석날 석양이 참으로 아름답구나!

___

1. 단어에 '석'이 들어간 경우를 책 혹은 주변에서 찾아 빈칸에 써 보세요.
2. 저녁 석(夕)이 사용된 단어에는 ○, 아니면 X를 표시해 보세요.

석월
(저녁때 또는 달)

[　　　]

[　　　]

석간
(저녁때 발행되는 신문)

[　　　]

방석
(앉을 때 자리에 까는
작은 깔개)

공석
(빈자리)

[　　　]

 자리와 관련된 단어를 골라내 보세요.

2주 차 복습

콩나물쌤의 강의를 먼저 듣고 공부를 시작하면 이해가 쏙쏙!

QR 코드를 스캔하면 강의 영상을 볼 수 있어요.

1. 왼쪽 어휘를 보고 그 뜻으로 알맞은 것을 골라 선으로 연결하세요.

동계 •   • 아침에 발행되는 신문

동시 •   • 겨울철

조간 •   • 같은 때

오찬회 •   • 저녁때 저무는 해

석양 •   • 점심 식사를 겸한 모임

2. 다음 뜻을 가진 어휘를 쓰세요.

음력 팔월 보름날의 우리 명절	동물들의 겨울잠	특별한 일이 없는 보통 때	간사한 꾀로 남을 속임	낮 12시

3. 보기에서 알맞은 한자어를 골라 각 뜻을 나타내는 어휘를 만들어 보세요.

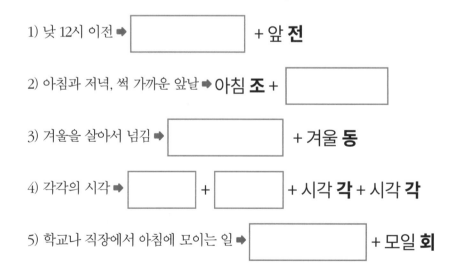

보기   때 **시**, 아침 **조**, 낮 **오**, 넘을 **월**, 저녁 **석**

1) 낮 12시 이전 ➡ [   ] + 앞 **전**

2) 아침과 저녁, 썩 가까운 앞날 ➡ 아침 **조** + [   ]

3) 겨울을 살아서 넘김 ➡ [   ] + 겨울 **동**

4) 각각의 시각 ➡ [   ] + [   ] + 시각 **각** + 시각 **각**

5) 학교나 직장에서 아침에 모이는 일 ➡ [   ] + 모일 **회**

4. 다음 어휘를 이용해 한 문장 글쓰기를 해 보세요.

조반

➡ _____

오후

➡ _____

조변석개

➡ _____

엄동설한

➡ _____

시기

➡ _____

夜

뜻 소리
밤 야

추론력 꽉 잡아

한자의 뜻과 그림을 보고 단어의 뜻을 짐작해 보세요.

밤 야 + 경치 경
야경

깊을 심 + 밤 야
심야

낮 주 + 밤 야
주야

낮 주 + 밭 갈 경 + 밤 야 + 읽을 독
주경야독

 밤 야(夜)가 숨어 있는 단어를 알아봅시다.

야경
밤 야 + 경치 경

 뜻

밤의 경치

표현1 야경을 보러 한강으로 나섰다.

표현2 아름다운 야경을 멍하니 바라보았다.

심야
깊을 심 + 밤 야

뜻

깊은 밤

표현1 심야에도 많은 사람이 나와 있었다.

표현2 심야에는 소란하지 않도록 주의해야 해.

주야
낮 주 + 밤 야

 뜻

낮과 밤

표현1 삼촌은 주야로 쉬지 않고 공부했다.

표현2 할머니는 삼촌을 위해 주야로 기도했다.

주경야독
낮 주 + 밭 갈 경 + 밤 야 + 읽을 독

 뜻

낮에는 농사짓고 밤에는 공부함
어려운 상황에서도 열심히 공부함

표현1 주경야독하던 삼촌은 결국 합격했다.

표현2 주경야독한다면 반드시 뜻을 이룰 수 있다.

 주경야독한다면 무슨 일이든 성공할 수 있겠죠?

밤 야(夜)를 넣어 한 문장 글쓰기를 해 보세요.

야경 밤의 경치

우리 가족은

심야 깊은 밤

심야에는

주야 낮과 밤

아버지는

주경야독 어려운 상황에서도 열심히 공부함

나는

 창의력 꽉 잡아   밤 야(夜)가 들어간 단어를 2개 이상 사용하여 문장을 써 보세요.

예시

심야지만 야경을 구경하려는 사람들로 북적였다.

 탐구력 꽉 잡아
1. 단어에 '야'가 들어간 경우를 책 혹은 주변에서 찾아 빈칸에 써 보세요.
2. 밤 야(夜)가 사용된 단어에는 ○, 아니면 X를 표시해 보세요.

 **철야**
(잠을 자지 않고 밤을 새움)

야만
(들판의 오랑캐)

 **야채**
(들에서 자라는 나물)

 **야근**
(밤늦게까지 일함)

 들판과 관련된 단어를 골라내 보세요.

天

뜻 소리
하늘 천

 **추론력 꽉 잡아** 한자의 뜻과 그림을 보고 단어의 뜻을 짐작해 보세요.

하늘 천 + 그럴 연
천연

하늘 천 + 원수 적
천적

즐길 낙 + 하늘 천
낙천

하늘 천 + 아래 하 + 차례 제 + 한 일
천하제일

 어휘력 꽉 잡아

하늘 천(天)이 숨어 있는 단어를 알아봅시다.

천연
하늘 천 + 그럴 연

 뜻

하늘이 만든 그대로
사람의 힘을 가하지 않은 상태

표현1   천연 색소를 이용한 물감입니다.

표현2   땅에서 천연가스가 새어 나오고 있다.

천적
하늘 천 + 원수 적

 뜻

하늘이 내린 원수
한 생물에게 해를 끼치는 다른 생물

표현1   뱀은 쥐의 천적이다.

표현2   삼촌은 시합에서 천적을 만나 패배
하고 말았다.

 누가 어떤 한 사람에게만 계속 진다면 사
람 사이에도 천적이라고 합니다.

낙천
즐길 낙 + 하늘 천

 뜻

하늘이 준 운명을 즐김
세상과 인생을 즐겁게 여김

표현1   지수는 낙천적으로 웃으며 말했다.

표현2   태영이는 워낙 낙천적인 성격이다.

천하제일
하늘 천 + 아래 하 + 차례 제 + 한 일

 뜻

하늘 아래 첫 번째
세상에서 최고

표현1   양궁은 우리나라가 천하제일이다.

표현2   그는 천하제일의 권투 선수다.

하늘 천(天)을 넣어 한 문장 글쓰기를 해 보세요.

천연 사람의 힘을 가하지 않은 상태

산에서 ....

천적 한 생물에게 해를 끼치는 다른 생물

.... 은(는) .... 의 천적이다.

낙천 세상과 인생을 즐겁게 여김

낙천적으로 웃으면 ....

천하제일 세상에서 최고

언젠가는 ....

73

창의력 꽉 잡아

하늘 천(天)이 들어간 단어를 2개 이상 사용하여 문장을 써 보세요.

예시

삼촌은 천적을 꺾고 결국 천하제일의 레슬링 선수가 되었다.

_____

탐구력 꽉 잡아

1. 단어에 '천'이 들어간 경우를 책 혹은 주변에서 찾아 빈칸에 써 보세요.
2. 하늘 천(天)이 사용된 단어에는 ◯, 아니면 X를 표시해 보세요.

천국
(하늘나라)

산천
(산과 내)

천벌
(하늘이 내린 벌)

하천
(강과 시내)

냇물과 관련한 단어를 골라내 보세요.

74

地

뜻   소리
땅 지

 추론력 꽉 잡아 한자의 뜻과 그림을 보고 단어의 뜻을 짐작해 보세요.

땅 **지** + 공 구
지구

땅 **지** + 그림 도
지도

살 처 + 땅 **지**
처지

처지가 딱하네.

하늘 천 + 땅 **지** + 귀신 신 + 밝을 명
천지신명

비나이다 비나이다

땅 지(地)가 숨어 있는 단어를 알아봅시다.

지구

땅 지 + 공 구

뜻

땅으로 이루어진 공 모양의 행성

표현1 지구에는 약 80억 명이 살고 있다.

표현2 지구는 점점 파괴되고 있다.

지도

땅 지 + 그림 도

뜻

땅을 그린 그림
지구 표면을 나타낸 그림

표현1 길을 잃지 않게 지도를 잘 봐야 해.

표현2 김정호는 직접 대동여지도를 만들었다.

처지

살 처 + 땅 지

뜻

살고 있는 땅의 상태
처해 있는 사정이나 형편

표현1 처지가 딱하니 어떻게든 도와주자.

표현2 지금 이것저것 가릴 처지가 아니다.

천지신명

하늘 천 + 땅 지 + 귀신 신 + 밝을 명

뜻

하늘과 땅의 신들

표현1 비나이다. 비나이다. 천지신명께 비나이다.

표현2 시험에 합격하기를 천지신명께 기원했다.

처지는 주로 상황이 나쁠 때 사용합니다.

땅 지(地)를 넣어 한 문장 글쓰기를 해 보세요.

지구 땅으로 이루어진 공 모양의 행성

지구에는 ....

지도 지구 표면을 나타낸 그림

내비게이션이 나오자 ....

처지 처해 있는 사정이나 형편

처지가 나쁠 때는 ....

천지신명 하늘과 땅의 신들

옛사람들은 ....

땅 지(地)가 들어간 단어를 2개 이상 사용하여 문장을 써 보세요.

예시

세계 지도를 입체로 나타낸 것을 지구본이라고 한다.

1. 단어에 '지'가 들어간 경우를 책 혹은 주변에서 찾아 빈칸에 써 보세요.
2. 땅 지(地)가 사용된 단어에는 ○, 아니면 X를 표시해 보세요.

녹지
(식물이 푸르른 땅)

용지
(사용할 종이)

지역
(일정한 땅의 구역)

백지
(하얀 종이)

종이와 관련된 단어를 골라내 보세요.

江

뜻 소리
강 강

추론력 꽉 잡아

한자의 뜻과 그림을 보고 단어의 뜻을 짐작해 보세요.

큰 한 + 강 강
한강

강 강 + 가 변
강변

강 강 + 산 산
강산

비단 금 + 수놓을 수 + 강 강 + 산 산
금수강산

 강 강(江)이 숨어 있는 단어를 알아봅시다.

한강
큰 한 + 강 강

 뜻
서울에 있는 큰 강

표현1 어제는 한강으로 나들이를 갔다.

표현2 한강은 상당히 큰 강이다.

강변
강 강 + 가 변

 뜻
강가
강 주변

표현1 엄마야 누나야 강변 살자.

표현2 지하철 2호선에는 강변역이 있다.

 한강에서 '한'은 한자어가 아닌 '크다'는 뜻
의 순우리말입니다.

강산
강 강 + 산 산

 뜻
강과 산, 자연 경치

표현1 화가들이 우리 강산을 그렸다.

표현2 우리 강산을 푸르게 보호하자.

금수강산
비단 금 + 수놓을 수 + 강 강 + 산 산

 뜻
비단에 수놓은 듯한 아름다운 자연

표현1 예로부터 우리나라는 금수강산을 자
랑한다.

표현2 금수강산에 쓰레기를 버려서는 안 돼.

 **글쓰기 꽉 잡아** 강 강(江)을 넣어 한 문장 글쓰기를 해 보세요.

한강 서울에 있는 큰 강

한강에서

강변 강 주변

사람들이

강산 강과 산, 자연 경치

강산에는

금수강산 비단에 수놓은 듯한 아름다운 자연

대한민국의 금수강산을

창의력 꽉 잡아

강 강(江)이 들어간 단어를 2개 이상 사용하여 문장을 써 보세요.

예시

우리 강산 중에서 나는 한강이 제일 좋다.

_____

탐구력 꽉 잡아

1. 단어에 '강'이 들어간 경우를 책 혹은 주변에서 찾아 빈칸에 써 보세요.
2. 강 강(江)이 사용된 단어에는 ○, 아니면 X를 표시해 보세요.

강남
(강의 남쪽)

건강
(몸과 마음이 튼튼하고 편안함)

도강
(강을 건넘)

강녕
(몸이 건강하고 마음이 편안함)

편안함과 관련된 단어를 골라내 보세요.

山

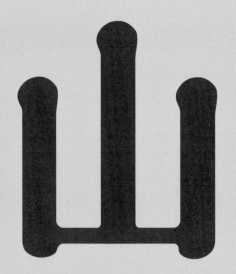

뜻　　소리
산 산

추론력 꽉 잡아

한자의 뜻과 그림을 보고 단어의 뜻을 짐작해 보세요.

오를 등 + 산 산
등산

산 산 + 마을 촌
산촌

산 산 + 도둑 적
산적

가진것 다 내놔!

사람 인 + 산 산 + 사람 인 + 바다 해
인산인해

★ 산 산(山)은 원래 '메 산'이라고 합니다.

 어휘력 꽉 잡아 산 산(山)이 숨어 있는 단어를 알아봅시다.

등산
오를 등 + 산 산

뜻
산에 오름

표현1 할아버지는 아침 일찍 등산을 가셨다.

표현2 등산을 할 때는 안전에 주의해야 한다.

산촌
산 산 + 마을 촌

뜻
산 속에 있는 마을

표현1 나는 산촌에서 태어났다.

표현2 큰아버지는 산촌에서 약초를 캐신다.

산적
산 산 + 도둑 적

뜻
산에서 지나가는 사람의 재물을
빼앗는 도둑

표현1 산적이 나타나 재물을 모두 빼앗았다.

표현2 병사를 모아 산적을 소탕했다.

인산인해
사람 인 + 산 산 + 사람 인 + 바다 해

뜻
사람이 산과 바다를 이룸
사람이 수없이 많음

표현1 콘서트장은 아이돌 팬들로 인산인
해를 이루었다.

표현2 축제는 사람들로 인산인해였다.

글쓰기 꽉 잡아 산 산(山)을 넣어 한 문장 글쓰기를 해 보세요.

등산   산에 오름

등산을 가려고 ┆..┆

산촌 산 속에 있는 마을

산촌에는 ┆..┆

산적 산에서 지나가는 사람의 재물을 빼앗는 도둑

산적을 만나면 ┆..┆

인산인해 사람이 수없이 많음

인산인해 속에서 ┆..┆

85

산 산(山)이 들어간 단어를 2개 이상 사용하여 문장을 써 보세요.

예시

단풍을 보려고 등산한 사람들로 인산인해를 이루었다.

 1. 단어에 '산'이 들어간 경우를 책 혹은 주변에서 찾아 빈칸에 써 보세요.
2. 산 산(山)이 사용된 단어에는 ○, 아니면 X를 표시해 보세요.

명산
(이름난 산)

입산
(산에 들어감)

산수
(수를 계산함)

가산
(더하여 계산함)

 계산과 관련한 단어를 골라내 보세요.

3주 차 복습

콩나물쌤의 강의를 먼저 듣고 공부를 시작하면 이해가 쏙쏙!

QR 코드를 스캔하면 강의 영상을 볼 수 있어요.

1. 왼쪽 어휘를 보고 그 뜻으로 알맞은 것을 골라 선으로 연결하세요.

야경 ●   ● 처해 있는 사정이나 형편

천적 ●   ● 한 생물에게 해를 끼치는 다른 생물

처지 ●   ● 산에 오름

금수강산 ●   ● 비단에 수놓은 듯한 아름다운 자연

등산 ●   ● 밤의 경치

2. 다음 뜻을 가진 어휘를 쓰세요.

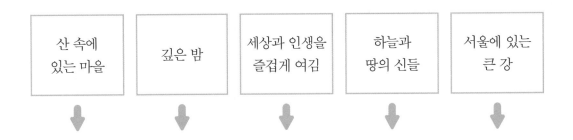

| 산 속에
있는 마을 | 깊은 밤 | 세상과 인생을
즐겁게 여김 | 하늘과
땅의 신들 | 서울에 있는
큰 강 |

3. 보기에서 알맞은 한자어를 골라 각 뜻을 나타내는 어휘를 만들어 보세요.

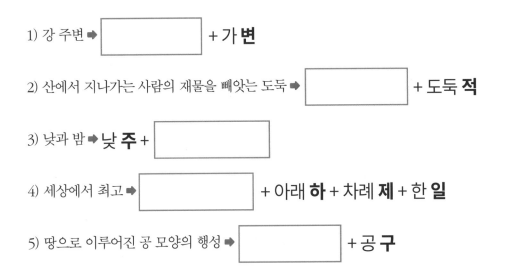

보기   **산 산**, 강 **강**, 땅 **지,** 하늘 **천,** 밤 **야**

1) 강 주변 ➡ [   ] + 가 **변**

2) 산에서 지나가는 사람의 재물을 빼앗는 도둑 ➡ [   ] + 도둑 **적**

3) 낮과 밤 ➡ 낮 **주** + [   ]

4) 세상에서 최고 ➡ [   ] + 아래 **하** + 차례 **제** + 한 **일**

5) 땅으로 이루어진 공 모양의 행성 ➡ [   ] + 공 **구**

4. 다음 어휘를 이용해 한 문장 글쓰기를 해 보세요.

지도

➡ _____

강산

➡ _____

인산인해

➡ _____

주경야독

➡ _____

천연

➡ _____

4주차

海 바다 해

뜻   소리

추론력 꽉 잡아

한자의 뜻과 그림을 보고 단어의 뜻을 짐작해 보세요.

바다 해 + 군사 군
해군

바다 해 + 바깥 외
해외

깊을 심 + 바다 해
심해

아득할 망 + 아득할 망 + 클 대 + 바다 해
망망대해

 어휘력 꽉 잡아

바다 해(海)가 숨어 있는 단어를 알아봅시다.

해군
바다 해 + 군사 군

 뜻

바다에서 전투하는 군대

표현1 삼촌은 해군으로 복무 중이다.

표현2 해군은 수영을 잘해야 한다.

해외
바다 해 + 바깥 외

 뜻

바다 바깥
우리 바다 밖에 있는 다른 나라

표현1 코로나가 끝나면 해외 여행을 가자.

표현2 그들은 가방을 해외로 수출했다.

심해
깊을 심 + 바다 해

 뜻

깊은 바다

표현1 심해에는 어떤 생물이 살고 있을까?

표현2 심해 물고기는 눈이 보이지 않는다.

망망대해
아득할 망 + 아득할 망 + 클 대 + 바다 해

 뜻

아득하고 아득할 정도로 큰 바다
한없이 크고 넓은 바다

표현1 망망대해가 끝도 없이 펼쳐져 있다.

표현2 망망대해를 향해 배는 출발했다.

글쓰기 꽉 잡아

바다 해(海)를 넣어 한 문장 글쓰기를 해 보세요.

해군 바다에서 전투하는 군대

그는

해외 우리 바다 밖에 있는 다른 나라

해외에 나가면

심해 깊은 바다

내가 만약

망망대해 한없이 크고 넓은 바다

망망대해에서

 **창의력 꽉 잡아** 바다 해(海)가 들어간 단어를 2개 이상 사용하여 문장을 써 보세요.

예시

망망대해로 나가 심해를 탐사하려고 한다.

_____

 **탐구력 꽉 잡아**

1. 단어에 '해'가 들어간 경우를 책 혹은 주변에서 찾아 빈칸에 써 보세요.
2. 바다 해(海)가 사용된 단어에는 ○, 아니면 X를 표시해 보세요.

해풍
(바닷바람)

영해
(한 국가에 속하는 바다)

해충
(사람에게 해가 되는 벌레)

수해
(물로 인한 재해)

 손해와 관련된 단어를 골라내 보세요.

洋 큰 바다 _뜻 양 _{소리}

추론력 꽉 잡아

한자의 뜻과 그림을 보고 단어의 뜻을 짐작해 보세요.

서쪽 서 + 큰 바다 양
서양

*큰 바다 양 + 옷 복
양복

*큰 바다 양 양 + 활 궁
양궁

앞 전 + 길 도 + 큰 바다 양 + 큰 바다 양
전도양양

★ 큰 바다 양(洋)은 '서양'이라는 뜻으로도 사용됩니다.

 큰 바다 양(洋)이 숨어 있는 단어를 알아봅시다.

서양
서쪽 서 + 큰 바다 양

 뜻

큰 바다 건너 서쪽 지역
유럽과 남북아메리카의 여러 나라

표현 1 프랑스와 영국은 서양 국가이다.

표현 2 서양에서는 과학이 일찍 발달했다.

양복
큰 바다 양 + 옷 복

 뜻

서양식 옷

표현 1 아버지는 양복을 입고 출근하신다.

표현 2 형은 졸업 기념으로 양복을 맞췄다.

 양복과 양궁에서 큰 바다 양(洋)은 '서양'이라는 뜻으로 사용되었습니다.

양궁
큰 바다 양 + 활 궁

 뜻

서양식 활
서양식 활로 겨루는 경기

표현 1 올림픽에서 양궁 시합이 열렸다.

표현 2 우리나라는 양궁 최강국이다.

전도양양
앞 전 + 길 도 + 큰 바다 양 + 큰 바다 양

 뜻

앞길이 큰 바다처럼 열려 있음
앞날이 희망차고 밝음

표현 1 전도양양한 사업을 시작해 기대가 크다.

표현 2 그 직업은 전도양양하다.

 **글쓰기 꽉 잡아** 큰 바다 양(洋)을 넣어 한 문장 글쓰기를 해 보세요.

서양 유럽과 남북아메리카의 여러 나라

서양 사람들은

양복 서양식 옷

양복을 입고

양궁 서양식 활로 겨루는 경기

양궁을 할 때는

전도양양 앞날이 희망차고 맑음

전도양양한 젊은이가

큰 바다 양(洋)이 들어간 단어를 2개 이상 사용하여 문장을 써 보세요.

예시

양복은 서양 사람들이 주로 입는 옷이다.

1. 단어에 '양'이 들어간 경우를 책 혹은 주변에서 찾아 빈칸에 써 보세요.
2. 큰 바다 양(洋)이 사용된 단어에는 ○, 아니면 X를 표시해 보세요.

대양
(크고 넓은 바다)

원양
(먼바다)

양력
(태양을 기준으로 날짜 세는 법)

양지
(볕이 잘 드는 곳)

 태양, 볕과 관련된 단어를 골라내 보세요.

野

뜻　소리
들 야

추론력 꽉 잡아
한자의 뜻과 그림을 보고 단어의 뜻을 짐작해 보세요.

들 야 + 공 구
야구

들 야 + 날 생
야생

들 야 + 바깥 외
야외

들 야 + 마음 심 + 찰 만 + 찰 만
야심만만

★ 들 야(野)는 '들판'이나 '교외'라는 뜻이에요.

 들 야(野)가 숨어 있는 단어를 알아봅시다.

야구
들 야 + 공 구

뜻

들에서 하는 공놀이
9명이 한 팀이 되어 공을 던지고 치는 스포츠

표현1   삼촌은 국가 대표 야구 선수이다.

표현2   야구 시합이 있어서 사람들이 많이
모였다.

야생
들 야 + 날 생

뜻

들에서 나고 자람 또는 그런 생물

표현1   야생 동물은 사나워서 조심해야 한다.

표현2   숲에 야생하는 식물을 조사했다.

야외
들 야 + 바깥 외

뜻

들 밖
집 밖

표현1   봄이 되자 사람들이 야외로 나오기
시작했다.

표현2   야외로 소풍을 가서 즐겁게 놀았다.

야심만만
들 야 + 마음 심 + 찰 만 + 찰 만

뜻

들판으로 나가고자 하는 마음이 가득함
무언가를 이루겠다는 욕망이 가득함

표현1   그녀는 야심만만한 사업가였다.

표현2   야심만만하게 준비했지만 실패하고
말았다.

들 야(野)를 넣어 한 문장 글쓰기를 해 보세요.

야구 9명이 한 팀이 되어 공을 던지고 치는 스포츠

아빠는 ....

야생 들에서 나고 자람 또는 그런 생물

할 수만 있다면 ....

야외 집 밖

예전에 ....

야심만만 무언가를 이루겠다는 욕망이 가득함

야심만만한 사람은 ....

창의력 꽉 잡아

들 야(野)가 들어간 단어를 2개 이상 사용하여 문장을 써 보세요.

예시

야구는 넓은 야외에서 해야 안전하다.

탐구력 꽉 잡아

1. 단어에 '야'가 들어간 경우를 책 혹은 주변에서 찾아 빈칸에 써 보세요.
2. 들 야(野)가 사용된 단어에는 ◯, 아니면 X를 표시해 보세요.

평야
(평평하고 넓은 들)

야학
(밤에 공부함)

전야
(전날 밤)

초야
(풀로 뒤덮인 들판)

밤과 관련된 단어를 골라내 보세요.

102

뜻   소리
동산 원

추론력 꽉 잡아

한자의 뜻과 그림을 보고 단어의 뜻을 짐작해 보세요.

뜰 정 + 동산 원
정원

여럿 공 + 동산 원
공원

꽃 화 + 동산 원
화원

발 전 + 동산 원 + 살 주 + 집 택
전원주택

꽃 OO화원

★ '동산'은 작은 언덕이나 평화로운 곳을 말합니다.

정원

뜰 정 + 동산 원

뜻

집 안에 있는 뜰이나 꽃밭

표현1 할머니 댁에는 작은 정원이 있다.

표현2 정원에는 봄이면 예쁜 꽃들이 핀다.

공원

여럿 공 + 동산 원

뜻

여러 사람들의 휴식, 놀이를 위해
만든 정원

표현1 공원에는 많은 사람들이 휴식을 취
하고 있었다.

표현2 아침저녁으로 공원에서 운동을 한다.

화원

꽃 화 + 동산 원

뜻

꽃을 심은 정원
꽃 파는 가게

표현1 정원사는 화원에서 꽃을 가꾸고 있다.

표현2 꽃을 사러 엄마와 함께 화원에 갔다.

전원주택

밭 전 + 동산 원 + 살 주 + 집 택

뜻

밭과 동산이 있는 곳에 짓고 사는 집
도시가 아닌 시골에 지은 집

표현1 나는 아파트가 아닌 전원주택에 살
고 싶어.

표현2 전원주택에 살면 불편한 점도 많다.

글쓰기 꽉 잡아

동산 원(園)을 넣어 한 문장 글쓰기를 해 보세요.

정원 집 안에 있는 뜰이나 꽃밭

정원에서 ....

공원 여러 사람들의 휴식, 놀이를 위해 만든 정원

공원에 가면 ....

화원 꽃 파는 가게

이모는 ....

전원주택 도시가 아닌 시골에 지은 집

전원주택 안에는 ....

창의력 꽉 잡아 동산 원(園)이 들어간 단어를 2개 이상 사용하여 문장을 써 보세요.

예시

작은 정원이 있는 전원주택에 사는 것이 나의 꿈이야.

―――――――――――――――――――――――――――――――

탐구력 꽉 잡아

1. 단어에 '원'이 들어간 경우를 책 혹은 주변에서 찾아 빈칸에 써 보세요.
2. 동산 원(園)이 사용된 단어에는 ○, 아니면 X를 표시해 보세요.

원예
(화초, 채소 등을
가꿈)

원격
(멀리 떨어져 있음)

원근
(멀고 가까움)

농원
(원예 작물을 기르는 농장)

먼 것과 관련된 단어를 골라내 보세요.

뜻 소리
내 천

추론력 꽉 잡아

한자의 뜻과 그림을 보고 단어의 뜻을 짐작해 보세요.

물 하 + 내 천
하천

산 산 + 내 천
산천

봄 춘 + 내 천
춘천

낮 주 + 밤 야 + 길 장 + 내 천
주야장천

★ '내'는 시내보다 크지만 강보다 작은 물줄기를 뜻합니다.

어휘력 꽉 잡아

내 천(川)이 숨어 있는 단어를 알아봅시다.

하천
물 하 + 내 천

뜻
강과 시내

표현1 여름이면 하천에서 물장구를 쳤다.

표현2 지금은 하천이 심하게 오염되었다.

산천
산 산 + 내 천

뜻
산과 내

표현1 고향 산천은 너무나 푸르고 싱그러웠다.

표현2 어릴 적 뛰어놀던 고향 산천이 그립다.

춘천
봄 춘 + 내 천

뜻
'봄의 내'라는 뜻의
강원도 도시 이름

표현1 다음 달에는 춘천으로 여행을 간다.

표현2 춘천에는 소양강 댐이 있다.

주야장천
낮 주 + 밤 야 + 길 장 + 내 천

뜻
밤낮으로 쉬지 않고 흐르는 시냇물
밤낮으로 쉬지 않고 연달아

표현1 아들은 주야장천 게임만 했다.

표현2 주야장천으로 놀고만 있으니 걱정이 태산이다.

인천, 과천, 포천, 제천도 모두 내 천(川)
자가 들어간 도시입니다.

 내 천(川)을 넣어 한 문장 글쓰기를 해 보세요.

하천 ^{강과 시내}

하천이 오염되어

산천 ^{산과 내}

옛날에는

춘천 ^{'봄의 내'라는 뜻의 강원도 도시 이름}

춘천에 가면

주야장천 ^{밤낮으로 쉬지 않고 연달아}

주야장천

창의력 꽉 잡아

내 천(川)이 들어간 단어를 2개 이상 사용하여 문장을 써 보세요.

> 예시
>
> **산천의 물은 주야장천으로 흐르는구나.**

_____

탐구력 꽉 잡아

1. 단어에 '천'이 들어간 경우를 책 혹은 주변에서 찾아 빈칸에 써 보세요.
2. 내 천(川)이 사용된 단어에는 ○, 아니면 X를 표시해 보세요.

천방
(내를 가로막은 둑)

| | |

천렵
(놀이로 냇물에서 고기를 잡음)

온천
(따뜻한 물이 솟는 샘)

원천
(물이 흘러나오는 근원)

솟아 나오는 물, 즉 샘과 관련된 단어를 골라내 보세요.

110

4주 차 복습

콩나물쌤의 강의를 먼저 듣고 공부를 시작하면 이해가 쏙쏙!

QR 코드를 스캔하면 강의 영상을 볼 수 있어요.

1. 왼쪽 어휘를 보고 그 뜻으로 알맞은 것을 골라 선으로 연결하세요.

해군 •   • 바다에서 전투하는 군대

양복 •   • 도시가 아닌 시골에 지은 집

야외 •   • 집 밖

전원주택 •   • 강과 시내

하천 •   • 서양식 옷

2. 다음 뜻을 가진 어휘를 쓰세요.

산과 내	우리 바다 밖에 있는 다른 나라	서양식 활로 겨루는 경기	무언가를 이루겠다는 욕망이 가득함	집 안에 있는 뜰이나 꽃밭
⬇	⬇	⬇	⬇	⬇

3. 보기에서 알맞은 한자어를 골라 각 뜻을 나타내는 어휘를 만들어 보세요.

보기 **들 야**, 내 **천**, 큰 바다 **양**, 바다 **해**, 동산 **원**

1) 여러 사람들의 휴식, 놀이를 위해 만든 정원 ➡ **여럿 공** + ☐

2) '봄의 내'라는 뜻의 강원도 도시 이름 ➡ **봄 춘** + ☐

3) 깊은 바다 ➡ **깊을 심** + ☐

4) 앞날이 희망차고 밝음 ➡ **앞 전** + **길 도** + ☐ + ☐

5) 9명이 한 팀이 되어 공을 던지고 치는 스포츠 ➡ ☐ + **공 구**

4. 다음 어휘를 이용해 한 문장 글쓰기를 해 보세요.

야생

➡ _____

화원

➡ _____

주야장천

➡ _____

망망대해

➡ _____

서양

➡ _____

石

뜻   소리
돌 석

한자의 뜻과 그림을 보고 단어의 뜻을 짐작해 보세요.

돌 석 + 기름 유
석유

보배 보 + 돌 석
보석

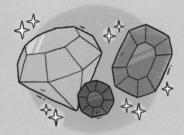

될 화 + 돌 석
화석

다를 타 + 산 산 + 어조사 지 + 돌 석
타산지석

오오~!

 어휘력 꽉 잡아 　돌 석(石)이 숨어 있는 단어를 알아봅시다.

석유
돌 석 + 기름 유

뜻

돌을 뚫고 나온 기름
땅속에서 퍼낸 기름

표현1　우리나라는 석유를 수입해서 사용
　　　한다.

표현2　석유는 중동 국가에서 주로 난다.

보석
보배 보 + 돌 석

뜻

보배로 쓰이는 돌
아주 단단하고 비싼 광석

표현1　보석은 잃어버리지 않게 잘 보관해
　　　야 한다.

표현2　그들은 보석을 찾아 모험을 떠났다.

 석유는 돌에서 나온 기름이 아니라 돌이 있는
땅속에서 퍼낸 기름입니다.

화석
될 화 + 돌 석

뜻

돌이 된 뼈
아주 옛날 생물의 뼈가 돌처럼 변한 것

표현1　새로운 공룡 화석이 발견되었다.

표현2　이번에 발견된 화석은 매우 특이했다.

타산지석
다를 타 + 산 산 + 어조사 지 + 돌 석

뜻

다른 산의 돌을 이용해 옥돌을 만들 듯
남의 말이나 행동을 통해 배움

표현1　이번 일을 타산지석 삼도록 하여라.

표현2　이번 사고를 타산지석으로 삼아 안
　　　전 규칙을 강화했다.

돌 석(石)을 넣어 한 문장 글쓰기를 해 보세요.

석유 땅속에서 퍼낸 기름

겨울에는

보석 아주 단단하고 비싼 광석

할머니의

화석 아주 옛날 생물의 뼈가 돌처럼 변한 것

만약

타산지석 남의 말이나 행동을 통해 배움

우리 팀은

창의력 꽉 잡아

돌 석(石)이 들어간 단어를 2개 이상 사용하여 문장을 써 보세요.

예시

아주 오래전 생명체들이 죽어 석유와 화석이 되었다.

_____

탐구력 꽉 잡아

1. 단어에 '석'이 들어간 경우를 책 혹은 주변에서 찾아 빈칸에 써 보세요.
2. 돌 석(石)이 사용된 단어에는 ○, 아니면 X를 표시해 보세요.

자석
(자성을 지닌 광석)

석별
(안타깝게 이별함)

석패
(경기에서 안타깝게 짐)

원석
(손 대지 않은 원래의 광석)

안타까운 마음과 관련된 단어를 골라내 보세요.

뜻   소리
볕 양

추론력 꽉 잡아   한자의 뜻과 그림을 보고 단어의 뜻을 짐작해 보세요.

볕 양 + 땅 지
양지

클 태 + 볕 양
태양

볕 양 + 우산 산
양산

클 태 + 볕 양 + 더울 열 + 필 발 + 전기 전
태양열발전

★ '볕'은 해가 내리쬐는 기운을 말합니다.

 **어휘력 꽉 잡아** 볕 양(陽)이 숨어 있는 단어를 알아봅시다.

양지
볕 양 + 땅 지

 뜻
볕이 잘 드는 땅

표현1 양지에 있던 눈사람이 다 녹았다.

표현2 양지의 반대말은 음지다.

태양
클 태 + 볕 양

 뜻
태양계의 중심이 되는 항성

표현1 이른 아침부터 태양은 밝게 빛나고 있었다.

표현2 지구는 태양 주위를 돈다.

양산
볕 양 + 우산 산

 뜻
볕을 가리기 위하여 쓰는
우산 모양 물건

표현1 할머니는 양산을 들어 해를 가렸다.

표현2 우산이 망가져서 대신 양산을 들고 갔다.

태양열발전
클 태 + 볕 양 + 더울 열 + 필 발 + 전기 전

 뜻
태양의 에너지를 이용해
전기를 만드는 것

표현1 태양열발전은 자연을 파괴하지 않는다.

표현2 태양열발전기를 설치해서 전기 요금을 절약했다.

 **글쓰기 꽉 잡아** 볕 양(陽)을 넣어 한 문장 글쓰기를 해 보세요.

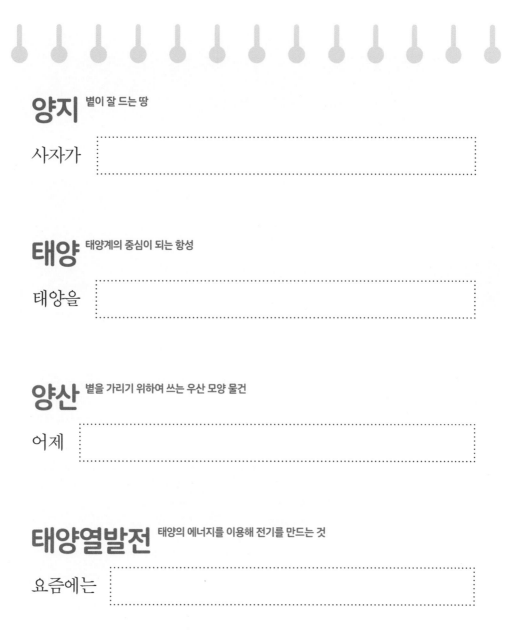

양지 볕이 잘 드는 땅

사자가 ┆

태양 태양계의 중심이 되는 항성

태양을 ┆

양산 볕을 가리기 위하여 쓰는 우산 모양 물건

어제 ┆

태양열발전 태양의 에너지를 이용해 전기를 만드는 것

요즘에는 ┆

창의력 꽉 잡아

볕 양(陽)이 들어간 단어를 2개 이상 사용하여 문장을 써 보세요.

예시

태양열발전기는 해가 잘 드는 양지에 설치해야 한다.

_____

탐구력 꽉 잡아

1. 단어에 '양'이 들어간 경우를 책 혹은 주변에서 찾아 빈칸에 써 보세요.
2. 볕 양(陽)이 사용된 단어에는 ○, 아니면 X를 표시해 보세요.

차양
(볕을 가림)

양육
(아이를 보살펴 기름)

양성
(볕을 좋아하는 성질)

양계
(닭을 먹여 기름)

 생명을 기르는 것과 관련된 단어를 골라내 보세요.

色

뜻 소리
빛 색

추론력
꽉 잡아

한자의 뜻과 그림을 보고 단어의 뜻을 짐작해 보세요.

푸를 녹 + 빛 색
녹색

없을 무 + 빛 색
무색

변할 변 + 빛 색
변색

모양 형 + 모양 형 + 빛 색 + 빛 색
형형색색

 빛 색(色)이 숨어 있는 단어를 알아봅시다.

녹색

푸를 녹 + 빛 색

뜻

푸른색
파랑과 노랑의 중간색

표현1   녹색 물감을 이용해 그림을 그렸다.

표현2   녹색 신호가 되면 출발하자.

무색

없을 무 + 빛 색

뜻

색이 없음

표현1   무색투명한 물이 조용히 흐르고 있었다.

표현2   무색의 이 기체는 냄새를 맡으면 위험하다.

변색

변할 변 + 빛 색

뜻

색이 변함

표현1   변색된 음식을 먹으면 위험하다.

표현2   옷을 자주 빨지 않아 소매가 변색됐다.

형형색색

모양 형 + 모양 형 + 빛 색 + 빛 색

뜻

모양과 색이 매우 다양함

표현1   밤하늘은 형형색색의 불꽃으로 화려하게 빛나고 있었다.

표현2   형형색색의 옷들이 진열되어 있다.

 **글쓰기 꽉 잡아** 빛 색(色)을 넣어 한 문장 글쓰기를 해 보세요.

녹색 파랑과 노랑의 중간색

미술 시간에

무색 색이 없음

과학실에서

변색 색이 변함

우유가

형형색색 모양과 색이 매우 다양함

백화점에는

빛 색(色)이 들어간 단어를 2개 이상 사용하여 문장을 써 보세요.

예시

녹색 티셔츠가 변색되었다.

_____

1. 단어에 '색'이 들어간 경우를 책 혹은 주변에서 찾아 빈칸에 써 보세요.
2. 빛 색(色)이 사용된 단어에는 ○, 아니면 X를 표시해 보세요.

탈색
(색이 빠짐)

안색
(얼굴빛)

궁색
(생활의 앞길이 막힘)

어색
(말이 막혀 자연스럽지
못함)

막히는 것과 관련된 단어를 골라내 보세요.

光

뜻 소리
빛 광

추론력 꽉 잡아

한자의 뜻과 그림을 보고 단어의 뜻을 짐작해 보세요.

빛 광 + 돌아올 복
광복

볼 관 + 빛 광
관광

빛 광 + 합할 합 + 이룰 성
광합성

번개 전 + 빛 광 + 돌 석 + 불 화
전광석화

산소 산소 산소

파밧

빛 광(光)이 숨어 있는 단어를 알아봅시다.

광복

빛 광 + 돌아올 복

뜻

빛이 돌아옴
빼앗긴 나라를 되찾음

표현1 8월 15일은 광복절이다.

표현2 독립투사의 노력 덕분에 광복을 맞이했다.

관광

볼 관 + 빛 광

뜻

빛을 봄
다른 지역이나 나라를 구경함

표현1 엄마는 친구들과 일본으로 관광을 가셨다.

표현2 코로나가 끝나자 관광을 온 사람들로 북적였다.

광합성

빛 광 + 합할 합 + 이룰 성

뜻

빛을 합해 이룸
식물이 빛을 통해 영양분을 만드는 일

표현1 식물은 햇빛을 받아 광합성을 한다.

표현2 식물은 광합성을 통해 영양분을 만들어 살아간다.

전광석화

번개 전 + 빛 광 + 돌 석 + 불 화

뜻

번갯불이나 부싯돌이 번쩍이는 순간
매우 짧은 시간

표현1 전광석화 같은 공격에 적은 매우 당황했다.

표현2 불길한 생각이 전광석화처럼 스쳤다.

사람이 햇볕을 쬘 때 농담으로
광합성을 한다고 표현하기도 합니다.

빛 광(光)을 넣어 한 문장 글쓰기를 해 보세요.

광복 빼앗긴 나라를 되찾음

만약 ....

관광 다른 지역이나 나라를 구경함

대학생이 되면 ....

광합성 식물이 빛을 통해 영양분을 만드는 일

광합성을 못하면 ....

전광석화 매우 짧은 시간

슈퍼히어로는 ....

창의력 꽉 잡아

빛 광(光)이 들어간 단어를 2개 이상 사용하여 문장을 써 보세요.

예시

관광을 온 김에 해변에서 광합성이나 해볼까?

_____

탐구력 꽉 잡아

1. 단어에 '광'이 들어간 경우를 책 혹은 주변에서 찾아 빈칸에 써 보세요.
2. 빛 광(光)이 사용된 단어에는 ○, 아니면 X를 표시해 보세요.

발광
(빛을 냄)

광고
(널리 알림)

광역
(넓은 지역)

야광
(어둠에서 빛을 냄)

넓음과 관련된 단어를 골라내 보세요.

電

(뜻) (소리)
전기 전

추론력 꽉 잡아　한자의 뜻과 그림을 보고 단어의 뜻을 짐작해 보세요.

집 가 + 전기 전
가전

전기 전 + 움직일 동
전동

멈출 정 + 전기 전
정전

들 휴 + 지닐 대 + 전기 전 + 말씀 화
휴대 전화

★ 전(電)은 원래 번개를 뜻했는데 요즘은 '전기'라는 의미로 더 많이 쓰입니다.

 어휘력 꽉 잡아 | 전기 전(電)이 숨어 있는 단어를 알아봅시다.

가전

집 가 + 전기 전

 뜻

TV, 세탁기 같은 가정용 전기 기기

표현1 이모는 결혼을 하면서 가전을 구입했다.

표현2 가전 제품은 가격이 비싼 편이다.

전동

전기 전 + 움직일 동

 뜻

전기의 힘으로 움직임

표현1 할머니의 전동 휠체어가 고장 났다.

표현2 이번에 전동 칫솔을 새로 장만했다.

정전

멈출 정 + 전기 전

 뜻

전기가 멈춤
전기가 끊어짐

표현1 정전이 되자 TV가 꺼졌다.

표현2 정전이 되어서 촛불을 꺼냈다.

휴대 전화

들 휴 + 지닐 대 + 전기 전 + 말씀 화

 뜻

손에 들거나
몸에 지니고 다니는 전화기

표현1 스마트폰은 휴대 전화의 일종이다.

표현2 휴대 전화는 1973년 발명되었다.

 **글쓰기 꽉 잡아** 전기 전(電)을 넣어 한 문장 글쓰기를 해 보세요.

가전 TV, 세탁기 같은 가정용 전기 기기

가전 제품이 낡아 ┈┈┈┈┈┈┈┈┈┈┈┈┈┈┈┈┈┈

전동 전기의 힘으로 움직임

전동 스쿠터는 ┈┈┈┈┈┈┈┈┈┈┈┈┈┈┈┈┈┈

정전 전기가 끊어짐

갑작스러운 정전에 ┈┈┈┈┈┈┈┈┈┈┈┈┈┈┈┈

휴대 전화 손에 들거나 몸에 지니고 다니는 전화기

휴대 전화가 없다면 ┈┈┈┈┈┈┈┈┈┈┈┈┈┈┈┈

 창의력
꽉 잡아

전기 전(電)이 들어간 단어를 2개 이상 사용하여 문장을 써 보세요.

예시

정전이 되자 모든 가전이 동시에 꺼졌다.

탐구력
꽉 잡아

1. 단어에 '전'이 들어간 경우를 책 혹은 주변에서 찾아 빈칸에 써 보세요.
2. 전기 전(電)이 사용된 단어에는 ○, 아니면 X를 표시해 보세요.

 **전선**
(전기가 통하는 선)

전액
(모든 금액)

 **전원**
(모든 인원)

전철
(전기로 가는 철도)

'모두'와 관련된 단어를 골라내 보세요.

5주 차 복습

콩나물쌤의 강의를 먼저 듣고 공부를 시작하면 이해가 쏙쏙!

QR 코드를 스캔하면 강의 영상을 볼 수 있어요.

1. 왼쪽 어휘를 보고 그 뜻으로 알맞은 것을 골라 선으로 연결하세요.

석유 ●　　　　　　　　● 색이 변함

태양 ●　　　　　　　　● 땅속에서 퍼낸 기름

변색 ●　　　　　　　　● TV, 세탁기 같은
　　　　　　　　　　　　　 가정용 전기 기기

전광석화 ●　　　　　　　● 태양계의 중심이 되는 항성

가전 ●　　　　　　　　● 매우 짧은 시간

2. 다음 뜻을 가진 어휘를 쓰세요.

전기의 힘으로 움직임	아주 단단하고 비싼 광석	볕을 가리기 위하여 쓰는 우산 모양 물건	모양과 색이 매우 다양함	빼앗긴 나라를 되찾음
⬇	⬇	⬇	⬇	⬇

3. 보기에서 알맞은 한자어를 골라 각 뜻을 나타내는 어휘를 만들어 보세요.

보기

빛 광, 볕 양, 빛 색, 전기 전, 돌 석

1) 다른 지역이나 나라를 구경함 ➡ **볼 관** + [   ]

2) 전기가 끊어짐 ➡ **멈출 정** + [   ]

3) 아주 옛날 생물의 뼈가 돌처럼 변한 것 ➡ **될 화** + [   ]

4) 태양의 에너지를 이용해 전기를 만드는 것 ➡

클 태 + [   ] + **더울 열** + **필 발** + **전기 전**

5) 파랑과 노랑의 중간색 ➡ **푸를 녹** + [   ]

4. 다음 어휘를 이용해 한 문장 글쓰기를 해 보세요.

무색

➡ _____

광합성

➡ _____

휴대 전화

➡ _____

타산지석

➡ _____

양지

➡ _____

뜻 소리
눈 설

추론력 꽉 잡아

한자의 뜻과 그림을 보고 단어의 뜻을 짐작해 보세요.

흰 백 + 눈 설
백설

사나울 폭 + 눈 설
폭설

눈 설 + 경치 경
설경

눈 설 + 윗 상 + 더할 가 + 서리 상
설상가상

 눈 설(雪)이 숨어 있는 단어를 알아봅시다.

백설
흰 백 + 눈 설

뜻
흰 눈

표현1　백설공주는 흰 눈 같은 공주라는 뜻이다.

표현2　백설기는 흰 눈 같은 떡이다.

폭설
사나울 폭 + 눈 설

뜻
사나운 눈
갑자기 많이 내리는 눈

표현1　폭설이 내려 사람들이 차에 갇혔다.

표현2　밤새 내린 폭설로 출근길이 엉망이다.

설경
눈 설 + 경치 경

뜻
눈이 내리는 경치

표현1　아름다운 설경에 모두들 입을 다물지 못했다.

표현2　그 산의 설경은 그림같이 아름답다.

설상가상
눈 설 + 윗 상 + 더할 가 + 서리 상

뜻
눈 위에 서리가 내린다.
불행한 일이 연달아 일어남

표현1　약속에 늦었는데 설상가상 차까지 막힌다.

표현2　설상가상. 엄마에 이어 아빠도 다치고 말았다.

 설상가상의 반대말은 155쪽에서 배울 금상첨화입니다.

 눈 설(雪)을 넣어 한 문장 글쓰기를 해 보세요.

백설 흰 눈

백설 위에서

폭설 갑자기 많이 내리는 눈

폭설이 오면

설경 눈이 내리는 경치

설경이 나타나자

설상가상 불행한 일이 연달아 일어남

설상가상,

창의력 꽉 잡아 눈 설(雪)이 들어간 단어를 2개 이상 사용하여 문장을 써 보세요.

예시

> 폭설이 계속되어 온 세상이 백설에 덮였다.

_____

1. 단어에 '설'이 들어간 경우를 책 혹은 주변에서 찾아 빈칸에 써 보세요.
2. 눈 설(雪)이 사용된 단어에는 ○, 아니면 X를 표시해 보세요.

대설
(눈이 많이 옴)

설득
(말로 타일러 납득시킴)

설산
(눈이 쌓인 산)

설명
(상대방이 알아듣도록 밝혀 말함)

 말하는 것과 관련된 단어를 골라내 보세요.

뜻 소리

비 우

추론력 꽉 잡아

한자의 뜻과 그림을 보고 단어의 뜻을 짐작해 보세요.

호쾌할 호 + 비 우
호우

비 우 + 옷 의
우의

내릴 강 + 비 우 + 양 량
강우량

비 우 + 뒤 후 + 대나무 죽 + 죽순 순
우후죽순

예상 강우량

5~15
70~120
10~30
20~50
10~15

쏙
쑤욱!

 **어휘력 꽉 잡아** 비 우(雨)가 숨어 있는 단어를 알아봅시다.

호우
호쾌할 호 + 비 우

뜻

호쾌하고 세차게 퍼붓는 비

표현1 장마철 호우로 많은 피해가 발생했다.

표현2 호우 주의보가 내려졌으니 조심해야 한다.

우의
비 우 + 옷 의

뜻

비가 올 때 입는 옷

표현1 우산은 없지만 다행히 우의가 있었다.

표현2 우의를 입고 빗속을 걸었다.

 호우 주의보는 호우를 주의하라고 미리 알리는 보도입니다.

강우량
내릴 강 + 비 우 + 양 량

뜻

내린 비의 양

표현1 이번 여름은 강우량이 특히 많았다.

표현2 강우량이 적어 가뭄이 심각하다.

우후죽순
비 우 + 뒤 후 + 대나무 죽 + 죽순 순

뜻

비온 뒤 솟아나는 대나무 죽순
어떤 일이 한때에 많이 생겨남

표현1 봄이 되자 새싹이 우후죽순으로 솟 아나고 있다.

표현2 우후죽순으로 환자가 늘어나고 있다.

 **글쓰기 꽉 잡아**

비 우(雨)를 넣어 한 문장 글쓰기를 해 보세요.

호우 호쾌하고 세차게 퍼붓는 비

호우 속에서

우의 비가 올 때 입는 옷

들판에서

강우량 내린 비의 양

농부들은

우후죽순 어떤 일이 한때에 많이 생겨남

우후죽순으로

145

창의력
꽉 잡아

비 우(雨)가 들어간 단어를 2개 이상 사용하여 문장을 써 보세요.

예시

호우로 인해 이번 달 강우량이 크게 늘었다.

탐구력
꽉 잡아

1. 단어에 '우'가 들어간 경우를 책 혹은 주변에서 찾아 빈칸에 써 보세요.
2. 비 우(雨)가 사용된 단어에는 ○, 아니면 X를 표시해 보세요.

기우
(비가 오기를 빎)

한우
(한국 토종 소)

우비
(비를 가리기 위해
사용하는 물건)

우유
(소의 젖)

 소와 관련된 단어를 골라내 보세요.

冰

뜻   소리
얼음 빙

추론력
꽉 잡아

한자의 뜻과 그림을 보고 단어의 뜻을 짐작해 보세요.

얼음 빙 + 널빤지 판
빙판

얼음 빙 + 물 수
빙수

엷을 박 + 얼음 빙
박빙

얼음 빙 + 윗 상 + 다툴 경 + 재주 기
빙상 경기

 **어휘력 꽉 잡아** 얼음 빙(氷)이 숨어 있는 단어를 알아봅시다.

빙판
얼음 빙 + 널빤지 판

 뜻

얼음판
얼어서 미끄러워진 바닥

표현1 빙판에서 넘어질 뻔했다.

표현2 빙판에서 넘어져 크게 다쳤다.

빙수
얼음 빙 + 물 수

 뜻

얼음을 넣어 차게 한 물
얼음을 갈아 눈처럼 만든 음식

표현1 여름에는 팥빙수를 먹어 줘야지.

표현2 과일 빙수 한 그릇을 다 먹고 배탈이 났다.

박빙
엷을 박 + 얼음 빙

 뜻

얇은 얼음
근소한 차이

표현1 대한민국과 포르투갈은 박빙의 승부를 펼쳤다.

표현2 박빙의 승부 끝에 대한민국이 16강에 진출했다.

빙상 경기
얼음 빙 + 윗 상 + 다툴 경 + 재주 기

 뜻

얼음 위에서 하는 운동 경기

표현1 동계 올림픽에서는 빙상 경기가 많이 벌어진다.

표현2 빙상 경기장에 많은 사람이 모였다.

 빙상 경기에는 스피드 스케이팅, 쇼트 트랙, 피겨 스케이팅 등이 있습니다.

글쓰기 꽉 잡아 얼음 빙(氷)을 넣어 한 문장 글쓰기를 해 보세요.

빙판 얼어서 미끄러워진 바닥

빙판이 되면 ....

빙수 얼음을 갈아 눈처럼 만든 음식

카페에 가서 ....

박빙 근소한 차이

박빙의 승부로 ....

빙상 경기 얼음 위에서 하는 운동 경기

쇼트 트랙은 ....

창의력 꽉 잡아

얼음 빙(氷)이 들어간 단어를 2개 이상 사용하여 문장을 써 보세요.

예시

빙상 경기에서 박빙의 승부가 벌어졌다.

_____

탐구력 꽉 잡아

1. 단어에 '빙'이 들어간 경우를 책 혹은 주변에서 찾아 빈칸에 써 보세요.
2. 얼음 빙(氷)이 사용된 단어에는 ○, 아니면 X를 표시해 보세요.

빙점
(물이 얼기 시작하는 온도)

초빙
(예를 갖추어 부름)

용빙
(사람을 쓰려고 부름)

빙산
(바다에 떠 있는 거대한 얼음덩어리)

부르는 것과 관련된 단어를 골라내 보세요.

뜻 소리
바람 풍

추론력 꽉 잡아

한자의 뜻과 그림을 보고 단어의 뜻을 짐작해 보세요.

바람 풍 + 별 경
풍경

굳셀 강 + 바람 풍
강풍

따뜻할 온 + 바람 풍
온풍

말 마 + 귀 이 + 동쪽 동 + 바람 풍
마이동풍

 바람 풍(風)이 숨어 있는 단어를 알아봅시다.

풍경
바람 풍 + 볕 경

뜻
바람과 볕
아름다운 경치

표현1 풍경이 좋은 곳으로 여행을 가자.

표현2 산과 강의 풍경이 그림처럼 예쁘다.

강풍
굳셀 강 + 바람 풍

뜻
굳센 바람
세차게 부는 바람

표현1 선풍기 바람을 강풍으로 맞추렴.

표현2 갑자기 강풍이 불어왔다.

온풍
따뜻할 온 + 바람 풍

뜻
따뜻한 바람

표현1 봄이 되자 온풍이 불어왔다.

표현2 지난겨울에 온풍기를 마련했다.

마이동풍
말 마 + 귀 이 + 동쪽 동 + 바람 풍

뜻
말 귀에 부는 동쪽 바람
남의 말을 귀담아듣지 않음

표현1 아무리 얘기해도 마이동풍이라니까.

표현2 그는 계속해서 마이동풍으로 흘려듣고 있었다.

 동쪽에서 부는 바람인 동풍은 봄바람을 뜻하기도 합니다.

 글쓰기 꽉 잡아

바람 풍(風)을 넣어 한 문장 글쓰기를 해 보세요.

풍경 아름다운 경치

.... 가장 아름답다.

강풍 세차게 부는 바람

강풍이 불어 ....

온풍 따뜻한 바람

어서 ....

마이동풍 남의 말을 귀담아듣지 않음

만약 네가 ....

바람 풍(風)이 들어간 단어를 2개 이상 사용하여 문장을 써 보세요.

예시

에어컨을 강풍으로 틀었는데 온풍이 나왔다.

1. 단어에 '풍'이 들어간 경우를 책 혹은 주변에서 찾아 빈칸에 써 보세요.
2. 바람 풍(風)이 사용된 단어에는 ○, 아니면 X를 표시해 보세요.

방풍
(바람을 막음)

풍성
(넉넉하고 가득함)

풍부
(매우 많아 넉넉함)

북풍
(북쪽에서 불어오는 바람)

넉넉함과 관련된 단어를 골라내 보세요.

154

花

^뜻 ^{소리}
꽃 화

추론력 꽉 잡아

한자의 뜻과 그림을 보고 단어의 뜻을 짐작해 보세요.

꽃 화 + 풀 초
화초

나라 국 + 꽃 화
국화

살 생 + 꽃 화
생화

비단 금 + 윗 상 + 더할 첨 + 꽃 화
금상첨화

 **어휘력 꽉 잡아** 꽃 화(花)가 숨어 있는 단어를 알아봅시다.

화초
꽃 화 + 풀 초

 뜻

꽃이 피는 식물

표현1 정원에는 많은 화초가 있었다.

표현2 할아버지는 화초에 물을 주고 계셨다.

국화
나라 국 + 꽃 화

 뜻

나라를 대표하는 꽃

표현1 우리나라 국화는 무궁화다.

표현2 장미는 미국의 국화이다.

생화
살 생 + 꽃 화

 뜻

살아 있는 꽃

표현1 생화인지 조화인지 구분을 못 하겠다.

표현2 생화는 비싸지만 아름답다.

금상첨화
비단 금 + 윗 상 + 더할 첨 + 꽃 화

 뜻

비단 위에 꽃을 더하다.
좋은 일에 좋은 일을 더함

표현1 1등을 하고 상금까지 받았으니 금상첨화다.

표현2 시간과 돈을 모두 아꼈으니 금상첨화로구나!

 금상첨화는 139쪽에서 배운 설상가상의 반대말입니다.

 **글쓰기 꽉 잡아** 꽃 화(花)를 넣어 한 문장 글쓰기를 해 보세요.

화초 꽃이 피는 식물

어떻게

국화 나라를 대표하는 꽃

국화를

생화 살아 있는 꽃

꽃가게에는

금상첨화 좋은 일에 좋은 일을 더함

재미도 있고

창의력 꽉 잡아

꽃 화(花)가 들어간 단어를 2개 이상 사용하여 문장을 써 보세요.

예시

생화로 잔칫상을 꾸미니 금상첨화로구나.

탐구력 꽉 잡아

1. 단어에 '화'가 들어간 경우를 책 혹은 주변에서 찾아 빈칸에 써 보세요.
2. 꽃 화(花)가 사용된 단어에는 ○, 아니면 X를 표시해 보세요.

개화
(꽃이 핌)

친화
(서로 친하게 잘 어울림)

화목
(서로 잘 어울려
친하게 지냄)

조화
(인공적으로 만든 꽃)

 어울리는 것과 관련된 단어를 골라내 보세요.

6주 차 복습

콩나물쌤의 강의를 먼저 듣고 공부를 시작하면 이해가 쏙쏙!

QR 코드를 스캔하면 강의 영상을 볼 수 있어요.

1. 왼쪽 어휘를 보고 그 뜻으로 알맞은 것을 골라 선으로 연결하세요.

폭설 ●   ● 아름다운 경치

강우량 ●   ● 내린 비의 양

빙상 경기 ●   ● 얼음 위에서 하는 운동 경기

풍경 ●   ● 꽃이 피는 식물

화초 ●   ● 갑자기 많이 내리는 눈

2. 다음 뜻을 가진 어휘를 쓰세요.

| 세차게 부는 바람 | 나라를 대표하는 꽃 | 눈이 내리는 경치 | 어떤 일이 한때에 많이 생겨남 | 얼어서 미끄러워진 바닥 |

⬇ ⬇ ⬇ ⬇ ⬇

3. 보기에서 알맞은 한자어를 골라 각 뜻을 나타내는 어휘를 만들어 보세요.

보기 **비 우, 바람 풍, 얼음 빙, 눈 설, 꽃 화**

1) 얼음을 갈아 눈처럼 만든 음식 ➡ [   ] + 물 **수**

2) 따뜻한 바람 ➡ **따뜻할 온** + [   ]

3) 살아 있는 꽃 ➡ **살 생** + [   ]

4) 불행한 일이 연달아 일어남 ➡ [   ] + 윗 **상** + 더할 **가** + 서리 **상**

5) 호쾌하고 세차게 퍼붓는 비 ➡ **호쾌할 호** + [   ]

4. 다음 어휘를 이용해 한 문장 글쓰기를 해 보세요.

우의

➡ _____

박빙

➡ _____

마이동풍

➡ _____

금상첨화

➡ _____

백설

➡ _____

정답

1. 왼쪽 어휘를 보고 그 뜻으로 알맞은 것을 골라 선으로 연결하세요.

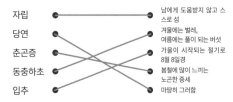

자립	남에게 도움받지 않고 스스로 섬
당연	겨울에는 벌레, 여름에는 풀이 되는 버섯
춘곤증	가을이 시작되는 절기로 8월 8일경
동충하초	봄철에 많이 느끼는 노곤한 증세
입추	마땅히 그러함

2. 다음 뜻을 가진 어휘를 쓰세요.

1) 추수
2) 자제
3) 우연
4) 일장춘몽
5) 하계

3. 보기에서 알맞은 한자어를 골라 각 뜻을 나타내는 어휘를 만들어 보세요.

1) 여름 하
2) 가을 추
3) 스스로 자
4) 그럴 연
5) 봄 춘

4. 다음 어휘를 이용해 한 문장 글쓰기를 해 보세요.

(예시)
1) 할머니가 회춘하시기를 기원합니다.
2) 하절기에는 더위를 먹지 않도록 조심해야 한다.
3) 도미노가 추풍낙엽처럼 잇달아 쓰러졌다.
4) 요즘에는 자화자찬도 할 줄 알아야 한다.
5) 자연은 사람의 마음을 편안하게 한다.

1. 왼쪽 어휘를 보고 그 뜻으로 알맞은 것을 골라 선으로 연결하세요.

동계	아침에 발행되는 신문
동시	겨울철
조간	같은 때
오찬회	저녁때 저무는 해
석양	점심 식사를 겸한 모임

2. 다음 뜻을 가진 어휘를 쓰세요.

1) 추석
2) 동면
3) 상시
4) 조삼모사
5) 정오

3. 보기에서 알맞은 한자어를 골라 각 뜻을 나타내는 어휘를 만들어 보세요.

1) 낮 오
2) 저녁 석
3) 넘을 월
4) 때 시, 때 시
5) 아침 조

4. 다음 어휘를 이용해 한 문장 글쓰기를 해 보세요.

(예시)
1) 조반을 거르지 않아서 건강하다.
2) 이따 오후에 만날까?
3) 조변석개하면 혼란스럽다.
4) 엄동설한에 밖에서 자다가는 죽기 십상이다.
5) 적절한 시기에 독립해야 한다.

3주 차 복습

1. 왼쪽 어휘를 보고 그 뜻으로 알맞은 것을 골라 선으로 연결하세요.

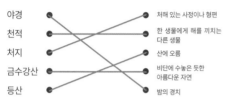

야경 ●   ● 처해 있는 사정이나 형편

천적 ●   ● 한 생물에게 해를 끼치는 다른 생물

처지 ●   ● 산에 오름

금수강산 ●   ● 비단에 수놓은 듯한 아름다운 자연

등산 ●   ● 밤의 경치

2. 다음 뜻을 가진 어휘를 쓰세요.

1) 산촌
2) 심야
3) 낙천
4) 천지신명
5) 한강

3. 보기에서 알맞은 한자어를 골라 각 뜻을 나타내는 어휘를 만들어 보세요.

1) 강 강
2) 산 산
3) 밤 야
4) 하늘 천
5) 땅 지

4. 다음 어휘를 이용해 한 문장 글쓰기를 해 보세요.

(예시)
1) 지도에 표시해 주세요.
2) 강산도 시간이 지나면 변한다.
3) 시장에는 사람들로 인산인해를 이루었다.
4) 주경야독 끝에 대학교에 합격했다.
5) 천연 비누를 만들었다.

4주 차 복습

1. 왼쪽 어휘를 보고 그 뜻으로 알맞은 것을 골라 선으로 연결하세요.

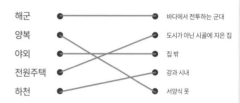

해군 ●   ● 바다에서 전투하는 군대

양복 ●   ● 도시가 아닌 시골에 지은 집

야외 ●   ● 집 밖

전원주택 ●   ● 강과 시내

하천 ●   ● 서양식 옷

2. 다음 뜻을 가진 어휘를 쓰세요.

1) 산천
2) 해외
3) 양궁
4) 야심만만
5) 정원

3. 보기에서 알맞은 한자어를 골라 각 뜻을 나타내는 어휘를 만들어 보세요.

1) 동산 원
2) 내 천
3) 바다 해
4) 큰 바다 양, 큰 바다 양
5) 들 야

4. 다음 어휘를 이용해 한 문장 글쓰기를 해 보세요.

(예시)
1) 야생 동물에게 물리면 병원에 가야 한다.
2) 화원에 가서 장미꽃을 사 오렴.
3) 삼촌은 주야장천 술만 마셨다.
4) 망망대해 위를 떠다니다 구조되었다.
5) 서양 사람들은 키가 큰 편이다.

5주 차 복습

1. 왼쪽 어휘를 보고 그 뜻으로 알맞은 것을 골라 선으로
   연결하세요.

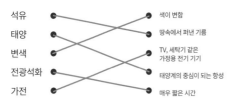

석유 ●   ● 색이 변함

태양 ●   ● 땅속에서 퍼낸 기름

변색 ●   ● TV, 세탁기 같은
           가정용 전기 기기

전광석화 ●   ● 태양계의 중심이 되는 항성

가전 ●   ● 매우 짧은 시간

2. 다음 뜻을 가진 어휘를 쓰세요.

1) 전동
2) 보석
3) 양산
4) 형형색색
5) 광복

3. 보기에서 알맞은 한자어를 골라 각 뜻을 나타내는 어
   휘를 만들어 보세요.

1) 빛 광
2) 전기 전
3) 돌 석
4) 볕 양
5) 빛 색

4. 다음 어휘를 이용해 한 문장 글쓰기를 해 보세요.

(예시)
1) 이 음료수는 무색이다.
2) 식물은 광합성을 하지 못하면 시든다.
3) 휴대 전화는 너무 비싸다.
4) 남을 타산지석 삼아 발전했다.
5) 양지에 있으니 이제 덥구나.

6주 차 복습

1. 왼쪽 어휘를 보고 그 뜻으로 알맞은 것을 골라 선으로
   연결하세요.

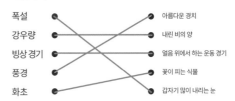

폭설 ●   ● 아름다운 경치

강우량 ●   ● 내린 비의 양

빙상 경기 ●   ● 얼음 위에서 하는 운동 경기

풍경 ●   ● 꽃이 피는 식물

화초 ●   ● 갑자기 많이 내리는 눈

2. 다음 뜻을 가진 어휘를 쓰세요.

1) 강풍
2) 국화
3) 설경
4) 우후죽순
5) 빙판

3. 보기에서 알맞은 한자어를 골라 각 뜻을 나타내는 어
   휘를 만들어 보세요.

1) 얼음 빙
2) 바람 풍
3) 꽃 화
4) 눈 설
5) 비 우

4. 다음 어휘를 이용해 한 문장 글쓰기를 해 보세요.

(예시)
1) 우의가 없어 흠뻑 젖고 말았다.
2) 박빙의 승부 끝에 패배했다.
3) 마이동풍하면 아무것도 배울 수 없다.
4) 돈도 벌고 운동도 하고 금상첨화구나.
5) 백설 위에 신발 자국이 남았다.